ARCOR
Jahre
nutella
CoolMedia

Ralf Zacherl Arne Friedrich

FOODBALL

Kochen wie die Weltmeister

südwest

Ralf Zacherl Arne Friedrich

FOODBALL

Kochen wie die Weltmeister

Mannschafts-aufstellung

Vorwort • Traineransprache

Was Sie hier in den Händen halten, ist das Ergebnis der letzten Wochen und Monate. Ein Ergebnis, auf das wir durchaus ein bisschen stolz sind. Denn dieses Buch gehört neben dem Deutschland-Trikot, der schwarz-rot-goldenen Fahne und der WM-Mütze zur Grundausrüstung eines jeden Fußball-WM-Fans! Und auch für die Zeit nach der Weltmeisterschaft werden Sie es gut gebrauchen können. Schließlich wollen noch viele spannende Spiele überstanden werden. Mit Rezepten für unentbehrliche Basics wie den Ketchup in Grün und Rot, süchtig machende Desserts oder auch eine „Currywurst Spezial" lässt sich mit Sicherheit der Nerv eines jeden Fans treffen.

Wir haben uns gefragt, was tun Sie daheim, wenn Fußballspiele im Fernsehen laufen? Und wie bringen wir Sie dazu, die Fernbedienung mal gegen den Kochlöffel auszutauschen? Allgemein stellt man sich ja Fußballfans vor dem Fernseher eher mit Bierflaschen und Chipstüten auf den Tischen vor. Wahrscheinlich eines dieser typischen Klischees, an denen nichts dran ist? Oder vielleicht doch ein Fünkchen Wahrheit? Denn auch hier, inmitten von fußballfanatischen Haushalten, kämpfen so manche Hausfrauen, Hausmänner, Hobbyköche oder eben nur Menschen mit „Fußballfieber" mit stumpfen Messern, Ideenlosigkeit und schwierigen Rezepten.

Wir haben Rezepte für Sie entwickelt, die nicht nur leicht nachzukochen sind, sondern auch super schmecken und viel Spaß beim gemeinsamen Essen machen. Wir jedenfalls hatten beim Ausprobieren jede Menge Spaß. Und haben dabei auch mal unseren „normalen Einsatzort" getauscht: Ralf ging auf den Fußballplatz zum Kicken, Arne in die Küche zum Kochen.

Damit hatte jeder von uns ein Heim- bzw. Auswärtsspiel. Rund um die Rezepte haben wir kleine Fußballgeschichten für Sie aufgeschrieben, die Sie bestimmt zum Schmunzeln bringen werden. Dabei lieferten die Kollegen der Nationalelf teilweise fantastische Vorlagen: Limo Hildebrand, Chili con Kahn, Chicken Frings – das sind nur einige Beispiele, zu denen uns die Spieler selbst inspiriert haben.

Alles in allem wurden viele Ideen entwickelt und viele davon gleich wieder verworfen, wurden zahlreiche Rezepte verfasst und gleich wieder in den Müll verbannt. Es wurden Texte über Texte produziert und eine Vielzahl von Fotos geschossen. Und wozu das alles?

Nur für Sie!

Denn natürlich ist es uns ein primäres Anliegen, uns bei den Fans zu bedanken. Für die Treue, für motivierende Anfeuerungsrufe, für kreative Ideen und begeisternde Euphorie. Für Besuche im Stadion bei Wind und „Unwetter". Nur, um die Leidenschaft zum Fußball zu leben.

Ganz ehrlich: Wenn wir Ihnen richtig danken könnten, müssten wir Ihnen dieses Buch eigentlich schenken. Leider geht das aber nicht. Wir hoffen dennoch: Sie haben genauso viel Spaß dabei, unsere Ideen daheim nachzumachen, wie wir – als wir dieses Buch gemacht haben. Auf jeden Fall laden wir Sie ein mitzumachen und rollen Ihnen dafür den grünen Teppich aus.

Keep on rolling the football und keep on cooking!

Anstoß

Das nächste Menü ist immer das schwerste

Können Fußballfans noch nicht mal ein Spiegelei braten? Kennen sie außer der Stadionbratwurst nur den nächsten Dönerladen um die Ecke? Ist der Stammitaliener ihr zweites Zuhause?

Natürlich nicht, und so was lassen wir keinesfalls auf uns sitzen! Vom Einkauf bis zum fertigen Gericht ist der Weg gar nicht so weit. Voraussetzung: Guter Wille und erster Schritt sitzen nicht auf der Reservebank. Hier erzählen wir auch kein Küchenlatein, sondern legen einfach los.

Scharfer Meißner • Cayenne-Popcorn

3 EL Olivenöl • 1 EL Butter • 200 g Popcornmais • Salz • Cayennepfeffer

für 6 Fußballfans

Spielregeln Olivenöl und Butter in einem Topf erhitzen. Mais hinzugeben und kurz umrühren. Den Deckel fest auf den Topf setzen und den Mais bei mittlerer Hitze so lange erhitzen, bis er anfängt zu „springen". Den Topf bei geschlossenem Deckel ein- bis zweimal schütteln und noch etwa 5 Minuten ruhen lassen.

Popcorn kräftig mit Salz und Cayennepfeffer würzen.

TOOR!-Tillas • Wraps mit Chicorée-Bonito-Füllung

4 gelbe Chicorées • 12 Kirschtomaten • 2 Dosen Bonito (à 125 g) (ersatzweise Thunfisch aus der Dose) • 2 EL Olivenöl • Saft von 1 Limone • 1 EL Ahornsirup • 1/2 TL Tabasco • Salz • schwarzer Pfeffer aus der Mühle • 4 EL Hüttenkäse • 4 Weizen-Tortillas

für 4 Fußballfans

Spielregeln Vom Chicorée die Enden abschneiden (etwa 2 cm). Die Blätter gut waschen und in Streifen schneiden. Kirschtomaten waschen und halbieren. Bonito in einem Sieb abtropfen lassen und in kleine Stücke zerteilen.

Olivenöl mit Limonensaft, Ahornsirup und Tabasco in einer Schüssel verrühren und das Ganze mit Salz und Pfeffer würzen. Chicoréestreifen zusammen mit Hüttenkäse, Bonito und den halbierten Kirschtomaten dazugeben und alles vermengen.

Den Chicorée-Bonito-Salat jeweils auf eine Hälfte der Tortillas geben und die andere Hälfte darüber klappen.

Mikes Flanke • Vitamin-C-Powerdrink

1 frisches Ei • 4 EL Zitronensaft • 200 ml Orangensaft • 300 ml Ananassaft • 2 TL frisch gehackter Ingwer • 10 Eiswürfel • 4 EL Granatapfelsirup

für 4 Fußballfans

Spielregeln Ei, Zitronen-, Orangen-, Ananassaft und Ingwer zusammen mit 10 Eiswürfeln in einen Mixer geben und etwa 1 Minute lang pürieren.

Die Mixtur auf vier Gläser verteilen und je Glas 1 Esslöffel Granatapfelsirup hinzugeben.

Aufbau-Salat • Prickelnder Obstsalat

80 g Zucker • 1/2 l Orangensaft • 300 g Honigmelone • 300 g Wassermelone • 500 g Ananas • 2 Kiwis • 2 Orangen • 1 Grapefruit • 2 Zweige Minze • 1 Flasche Sekt

für 4 Fußballfans

Spielregeln Zucker in einem Topf karamellisieren, mit Orangensaft ablöschen und bei mittlerer Hitze zu einem Sirup reduzieren lassen.

In der Zwischenzeit das Obst schälen und in mundgerechte Stücke schneiden. Alles in eine Schüssel geben.

Den Sirup zu dem Obst geben und das Ganze vorsichtig vermengen. Den Salat in vier tiefe Teller geben.

Minze waschen, trockentupfen und die Blätter von den Stielen zupfen. Die Minzeblätter in Streifen schneiden und auf den Salat geben. Das Ganze mit kaltem Sekt aufgießen und servieren.

Limo Hildebrand • Erfrischende Zitruslimonade

4 unbehandelte Zitronen • 4 unbehandelte Orangen • 1 unbehandelte Grapefruit • 100 g brauner Zucker • ca. 20 Eiswürfel • 1,5 l Mineralwasser

für 4 Fußballfans

Spielregeln Zitronen, Orangen und Grapefruit waschen, in Scheiben schneiden und diese anschließend achteln. Zucker darüber streuen und leicht andrücken.

Eiswürfel und Mineralwasser dazugeben und das Ganze bis zum Verzehr kühl stellen.

Der L-Augenthaler • Laugen-Leberkäse-Burger

1 rote Zwiebel • 4 EL Schmand • 2 EL süßer Senf • 1 EL scharfer Senf • 4 EL Röstzwiebeln • 2 EL geriebener Gouda • Salz • schwarzer Pfeffer aus der Mühle • 4 Scheiben Leberkäse (ca. 1 cm dick) • 4 Laugenbrötchen

für 4 Fußballfans

Spielregeln Backofen auf 170 °C (Gas Stufe 2, Heißluft 150 °C) vorheizen. Zwiebel abziehen und in dünne Scheiben schneiden. Schmand mit beiden Senfsorten, Röstzwiebeln und Gouda mischen und mit Salz und Pfeffer abschmecken.

Leberkäsescheiben auf ein mit Backpapier belegtes Backblech legen, Zwiebelscheiben und die Schmandmasse darauf verteilen. Das Ganze im heißen Backofen etwa 10 Minuten backen.

Inzwischen die Laugenbrötchen halbieren und diese 4 Minuten vor Ende der Backzeit mit in den Ofen geben. Anschließend Brötchen mit dem Leberkäse füllen und servieren.

WM-reife Tomaten • Tomaten-Himbeer-Ketchup

2 kg vollreife Tomaten • 4 Zwiebeln • 4 EL frischer Ingwer • 1 Peperoni • 6 Nelken • 3 Pimentkörner • 1 TL schwarze Pfefferkörner • Salz • 450 g Himbeergelee • 175 ml Apfelessig • 1–2 EL Speisestärke • 50 ml Himbeeressig

für 2 Gläser à 350 ml

Spielregeln Tomaten waschen, Strunk entfernen und das Fruchtfleisch vierteln. Zwiebeln schälen und in grobe Würfel schneiden. Ingwer schälen und in grobe Stücke schneiden. Peperoni waschen, längs halbieren, entkernen und grob zerkleinern. Das Gemüse in der Küchenmaschine zerkleinern.

Anschließend in einem Topf zusammen mit Nelken, Piment-, Pfefferkörnern und Salz aufkochen und 30 Minuten unter Rühren offen kochen lassen. Das Ganze durch eine Flotte Lotte (ersatzweise ein nicht zu feines Sieb) streichen und das Püree auffangen.

Das Tomatenpüree zusammen mit Himbeergelee und Apfelessig in einem Topf bei mittlerer Hitze auf etwa 750 ml einkochen lassen, dabei häufig umrühren.

Speisestärke mit Himbeeressig glatt rühren, zu dem Ketchup geben und das Ganze einmal kurz aufkochen. In sterilisierte Gläser füllen und verschließen. Hält sich gut gekühlt mehrere Monate.

Tipp Beste Beilage für gebratenes Wild, Käse, alle Innereien und natürlich für Chips.

Essen nicht vergessen

Ich werde oft gefragt, was ich so esse. Vor dem Spiel, danach oder einfach „generell", ob ich einen speziellen Ernährungsplan habe. Bei den Auswärtsspielen bekommen wir von den dort angebotenen Speisen eher nichts mit, weil wir fast immer sofort wieder abreisen. Bei den Heimspielen lasse ich mir nur selten das Essen entgehen! Für einen Sportler ist es schon sehr wichtig, schnell wieder Kohlenhydrate zu sich zu nehmen. Je eher, desto besser. Man kann das ganz gut mit einem Schwamm vergleichen: Wenn er trocken ist, kann er ganz viel Wasser aufnehmen. So ist es mit den Kohlenhydraten auch. Je länger man nach dem Spiel damit wartet, umso schlechter kann der Körper sie aufnehmen. Unser Ernährungsexperte hat mir gesagt, dass die Nahrungsaufnahme bis 1 1/2 Stunden nach dem Spiel sehr wichtig ist.

Dribbel Dips • Rouille (Knoblauchsauce aus der Provence)

1 mittelgroße Kartoffel (mehlig kochend) •
2 Pimientos (aus dem Glas, gegrillte, enthäutete Paprika) •
4 Knoblauchzehen • 2 rote Chilischoten • 1/2 TL grobes Meersalz •
1 frisches Eigelb • 150 ml kalt gepresstes Olivenöl

für 4 Fußballfans

Spielregeln Kartoffel waschen, in Salzwasser gar kochen, etwas abkühlen lassen und anschließend schälen.

Pimientos mit Küchenpapier trockentupfen und grob klein schneiden. Knoblauchzehen schälen, halbieren und den Keim entfernen. Die Chilis waschen, halbieren, entkernen und klein schneiden.

Pimientos, Knoblauch, Chili und Meersalz in einem Mörser oder Mixer fein mahlen. Die gekochte Kartoffel und das Eigelb unterarbeiten. Am Ende das Olivenöl tropfenweise darunter rühren (wie bei einer Mayonnaise).

Die Eintracht-Sauce • Frankfurter Grüne Sauce

1 Packung Frankfurter Kräuter (Petersilie, Pimpinelle, Schnittlauch, Dill, Kerbel, Sauerampfer, Estragon, Borretsch, Liebstöckel) •
1 kleine Zwiebel • Saft einer Zitrone • 1/2 TL Salz •
3 hart gekochte Eier • 125 ml Sahne • 125 g Joghurt •
1 TL scharfer Senf • 4 EL Rapsöl • schwarzer Pfeffer

für 4 Fußballfans

Spielregeln Kräuter waschen, trockenschleudern und fein hacken. Zwiebel schälen und in sehr feine Würfel schneiden. Beides in eine Schüssel geben, mit Zitronensaft und Salz marinieren und abdecken.

Eier schälen, fein hacken und mit Sahne, Joghurt und Senf verrühren. Öl langsam darunter rühren. Die Kräuter unterrühren und mit Pfeffer würzen. Die Sauce etwa 30 Minuten durchziehen lassen.

Musik ist Trumpf

Ja klar, ich singe mit! Bei der Nationalhymne singe ich immer mit, obwohl das Singen nicht unbedingt meine Stärke ist. Zudem ist dies ein Zeitpunkt, wo man als Spieler noch ganz viel von der Stimmung bei den Fans einfängt. Letztere singen eher voller Inbrunst „We are the Champions", „Football`s coming home" (die Hymne der Lightning Seeds zur EM 1996 hieß im Original übrigens „Three Lions") und andere Lieder. Und selbst unser „Kaiser" Franz Beckenbauer sang 1966 ein Fußball-Lied: „Gute Freunde kann niemand trennen".

Grünes Werder-Ketchup • Tomatenchutney

500 g grüne Tomaten (z. B. die Sorte „Evergreen") • 1/2 grüne Peperoni • 4 Knoblauchzehen • 1 EL frischer Ingwer • 100 g brauner Zucker • 4 EL Gelierzucker (3 zu 1) • 1 TL Meersalz • 300 ml Apfelessig

für 2 Gläser à 250 ml

Spielregeln Tomaten und Peperoni waschen. Strunk der Tomaten entfernen und das Fruchtfleisch in Scheiben schneiden. Peperoni entkernen und in feine Ringe schneiden. Knoblauch und Ingwer schälen und fein hacken.

Tomaten, Peperoni, Knoblauch, Ingwer, Zucker, Gelierzucker und Salz in einem Topf zum Kochen bringen und etwa 25 Minuten offen köcheln lassen. Dabei gelegentlich umrühren.

Essig unterrühren und abschmecken. Das Chutney in saubere, heiß ausgespülte Gläser mit Schraubdeckel füllen und sofort verschließen.

Standard-Situation • Selbst gemachte Mayonnaise

2 Eigelbe • 1 TL scharfer Senf • Salz • gemahlener schwarzer Pfeffer • 1 Messerspitze feiner Zucker • 300 ml Sonnenblumenöl • 2 EL Zitronensaft

für 6–8 Fußballfans

Spielregeln Die Eigelbe in einer Schüssel mit einem Schneebesen verquirlen, bis eine dickflüssige Masse entsteht. Senf, Salz, Pfeffer und Zucker unterrühren.

Öl tröpfchenweise hinzufügen und jedes Mal gut durchschlagen. Jeder Tropfen sollte vollkommen verrührt sein, ehe ein weiterer hinzugegeben wird. Wenn die Mayonnaise langsam zu einer sämigen Masse wird, kann das Öl in einem dünnen Strahl untergemischt werden. Anschließend Zitronensaft unterrühren.

Tipp Wer es leichter will, kann die Mayonnaise im Verhältnis 1 zu 1 mit Joghurt strecken.

Sesammayonnaise
Grünes Werder-Ketchup
Senfmayonnaise
Tomatenmayonnaise
Kräutermayonnaise
Chilimayonnaise
Standard-Situation

Auswechselspieler

für 6–8 Fußballfans

Chilimayonnaise

120 ml Mayonnaise (selbst gemachte, siehe Seite 20 oder gekaufte) •
1 TL grüne Chilischote, entkernt und klein gehackt •
1 TL Sweet-Chilisauce

Sesammayonnaise

120 ml Mayonnaise (selbst gemachte, siehe Seite 20 oder gekaufte) •
5 TL Sesamöl • 1/2 TL geröstete Sesamkerne •
1/2 TL geröstete gemahlene Korianderkörner

Kräutermayonnaise

120 ml Mayonnaise (selbst gemachte, siehe Seite 20 oder gekaufte) •
2 EL gehackte Kräutermischung (z. B. Schnittlauch, Petersilie, Kerbel)

Senfmayonnaise

120 ml Mayonnaise (selbst gemachte, siehe Seite 20 oder gekaufte •
1 EL grobkörniger Senf • 1 EL Honig

Tomatenmayonnaise

120 ml Mayonnaise (selbst gemachte, siehe Seite 20 oder gekaufte) •
1 TL Tomatenmark • 1 TL gehackte getrocknete Tomaten

Vorurteile

Es gibt unzählige Vorurteile und Klischees. Ohne Wertung und Wichtigkeit hier eine Auswahl: Es regnet nie in Kalifornien, Frauen interessieren sich nicht für Fußball. (Erstaunlicherweise haben weder die gut 900 000 Frauen, die statistisch gesehen heute Fußball spielen, noch die Erfolge der deutschen Frauen-Fußball-Nationalmannschaft etwas daran geändert). Fußballfans „saufen". Mit Letzterem meint man in der Regel Alkoholisches, und deswegen fangen wir 100 % alkoholfrei an. Fazit: Der Klügere kippt nach!

Hattrick • Pesto

für 8 Fußballfans

Basilikumpesto (erstes Tor)

3 Knoblauchzehen • 2 Bund Basilikum • 1/2 Bund Blattpetersilie •
3 EL Pinienkerne • 1/2 TL Salz • 120 g frisch geriebener Parmesan •
ca. 170 ml kalt gepresstes Olivenöl

Spielregeln Knoblauch schälen, halbieren und den Keim entfernen. Die Kräuter waschen, trockenschleudern, von dicken Stielen befreien und grob klein schneiden.

Pinienkerne in einer Pfanne ohne Fett langsam rösten. Zusammen mit Knoblauch und Salz in einem Mörser fein reiben. Kräuter und Parmesan unterarbeiten und anschließend das Öl nach und nach unterrühren.

Tomatenpesto (zweites Tor)

150 g getrocknete Tomaten in Öl • 80 g gehackte Mandeln •
120 g geriebener Parmesan • 170 ml kalt gepresstes Olivenöl

Spielregeln Tomaten abtropfen lassen und in kleine Stücke schneiden. Zusammen mit den Mandeln in einem Mörser oder Mixer zerkleinern.

Parmesan unterarbeiten und Olivenöl nach und nach unterrühren.

Walnusspesto (drittes Tor)

150 g Walnusskerne • 1 Knoblauchzehe • 100 g geriebener Greyerzer •
1 TL Honig • je 100 ml Walnuss- und Distelöl

Spielregeln Walnusskerne fein hacken. Knoblauchzehe schälen und fein hacken. Beides zusammen mit dem Käse im Mörser fein reiben.

Honig unterarbeiten. Öle nach und nach darunter rühren.

Arminia

Bis zu dem Zeitpunkt, als ich nach Bielefeld gewechselt bin, waren meine Vereinswechsel durch meine Freunde bedingt. Ich habe mich danach orientiert, wo ich mich am wohlsten fühle und eine gute, vertraute Umgebung habe. Bei meinem Wechsel zu Arminia Bielefeld (die beim Wechsel in der 2. Bundesliga kickten) spielte sicherlich eine Rolle, dass ich weiterhin in meiner Heimat bleiben konnte, aber das Wichtigste: Ich war absoluter Fan dieses Vereins!

Ronaldinhos Welcome • Kleine Gemüse-Tortillas

1 rote Paprika • 1 gelbe Paprika • 1 grüne Chilischote • 3 Frühlingszwiebeln • 1 Knoblauchzehe • 1 EL Olivenöl • Salz • schwarzer Pfeffer aus der Mühle • 0,5 g Safranfäden • 4 Eier • 2 EL Schnittlauchröllchen • 4 TL Butter oder Butterschmalz

für 4 Fußballfans

Spielregeln Paprika und Chilischote waschen, halbieren, entkernen und in feine Streifen schneiden. Frühlingszwiebeln waschen, putzen und in schmale Ringe schneiden. Knoblauchzehe abziehen und fein hacken oder zerdrücken.

Olivenöl in einer Pfanne erhitzen und das Gemüse darin bei mittlerer Hitze etwa 3 Minuten anschwitzen. Mit Salz und Pfeffer würzen.

Safranfäden in 1 Esslöffel Wasser auflösen und zusammen mit den Eiern verquirlen. Mit Salz und Pfeffer würzen und Schnittlauchröllchen unterrühren. Das Ganze mithilfe eines Schneebesens schaumig schlagen.

Jeweils 1 Teelöffel Butter oder Butterschmalz in einer beschichteten Pfanne erhitzen und insgesamt vier Tortillas ausbacken. Dabei jeweils ein Viertel der Gemüsemischung auf die Eiermasse geben. Sobald die Masse stockt, mithilfe eines flachen Deckels wenden und auf der anderen Seite 2 bis 3 Minuten weiterbraten. Die Tortillas warm oder kalt auf einem Salatbett servieren.

Roberts Huthenkäsedip • Hüttenkäse-Joghurt-Dip

1 unbehandelte Limone • 100 g Joghurt • 100 g Hüttenkäse, körnig • Salz • weißer Pfeffer • 1 Prise Zucker

für 4 Fußballfans

Spielregeln Die Schale der Limone abreiben und den Saft auspressen. Beides mit Joghurt und Hüttenkäse verrühren und das Ganze mit Salz, Pfeffer und Zucker abschmecken.

Trappa Thuni • Thunfischcreme auf Zucchini-Kartoffel-Rösti

1 unbehandelte Limone • 1 Dose Thunfisch im eigenen Saft (ca. 135 g) • 200 g Frischkäse • Salz • schwarzer Pfeffer aus der Mühle • 3–4 vorwiegend festkochende Kartoffeln • 1 Zucchini • 2 Eigelbe • 100 ml Olivenöl zum Braten • 16–20 Kirschtomaten • 1–2 EL Balsamico-Essig • 2 EL Olivenöl zum Marinieren • 2 Kästchen Gartenkresse • 50 g Kapernbeeren

für 4 Fußballfans

Spielregeln Limonenschale abreiben und den Saft auspressen. Thunfisch abtropfen lassen und zusammen mit Frischkäse, Limonenschale und -saft in einem Mixer pürieren. Das Ganze mit Salz und Pfeffer abschmecken.

Kartoffeln schälen und zusammen mit der Zucchini grob raspeln. Die Masse mithilfe eines Tuches ausdrücken. Eigelbe unterrühren und mit Salz und Pfeffer abschmecken. Olivenöl in einer beschichteten Pfanne erhitzen und aus der Masse zwei Rösti braten.

Inzwischen die Kirschtomaten waschen und halbieren. Salzen und pfeffern und mit Balsamico-Essig und Olivenöl marinieren. Die Rösti halbieren und jeweils eine Nocke Thunfischcreme darauf setzen. Mit den Tomaten, Kresse und Kapern garnieren.

Ostsee-Kicker • Matjestatar auf Ofenkartoffel und Spiegelei

8 kleine festkochende Kartoffeln (z. B. La Ratte oder Drillinge) • Salz • schwarzer Pfeffer aus der Mühle • Saft einer Zitrone • 2 EL Olivenöl • 8 Matjesfilets • 2 rote Zwiebeln • 4 Gewürzgurken • 1 Knoblauchzehe • 4 Eier • 1 EL frisch gehackte Blattpetersilie

für 4 Fußballfans

Spielregeln Kartoffeln waschen und in etwa 1 cm dicke Scheiben schneiden. Diese in eine Schüssel geben und mit Salz, Pfeffer, Zitronensaft und Olivenöl würzen.

Kartoffelscheiben auf ein mit Backpapier ausgelegtes Backblech legen und im Backofen bei 180 °C (Gas Stufe 2–3, Heißluft 160 °C) 20 bis 25 Minuten backen. Nach 10 Minuten die Kartoffelscheiben wenden.

In der Zwischenzeit die Matjesfilets waschen und trockentupfen. Zwiebeln abziehen. Filets, Gewürzgurken und Zwiebeln in kleine Würfel schneiden. Knoblauch schälen und fein hacken. Alles in einer Schüssel mit der Blattpetersilie gut vermengen und das Tatar mit Salz und Pfeffer abschmecken.

In einer beschichteten Pfanne aus den Eiern vier Spiegeleier braten. Die Kartoffeln aus dem Ofen nehmen und das Tatar mit zwei Löffeln portionsweise darauf setzen. Die Spiegeleier auf dem Tatar anrichten.

Schwerer Einstand

Meine Zeit bei der „U 21" war echt spannend und mit viel Spaß verbunden. Die Jugendnationalmannschaften haben viele Trainer als Beobachter, die nach neuen Talenten Ausschau halten. Insgesamt war das für mich natürlich sehr aufregend und ein tolles Erlebnis, hier mitzuspielen. Bei den ersten Spielen saß ich leider nur auf der Ersatzbank. Bei einem Spiel in Athen jedoch wurde ich aufgrund einer Verletzung eines Spielers, der auf „meiner Position spielte", eingewechselt. Für mich war dies ein „schlimmes Spiel". Wir kassierten ein Gegentor und der Trainer entschied sich, anstelle eines Abwehrspielers einen Stürmer einzusetzen. So dauerte mein Einsatz gerademal 30 Minuten. Eingewechselt zu werden und kurz danach wieder rausgenommen zu werden – so etwas ist für einen Spieler natürlich kein schönes Gefühl, gelinde gesagt!

Champignons League • Kartoffelrösti mit Pilzen und Speck

500 g Champignons • 1 Knoblauchzehe • 80 g Butter • Salz • Pfeffer • 1 EL gehackte Petersilie • 3 EL Mehl • 200 ml Milch • 1 Eigelb • 50 g geriebener Emmentaler • geriebene Muskatnuss • 600 g vorwiegend festkochende Kartoffeln • 16 Scheiben geräucherter Speck • Öl zum Braten

für 4 Fußballfans

Spielregeln Champignons putzen, feucht abreiben und je nach Größe vierteln oder achteln. Knoblauchzehe abziehen, hacken und in 50 g Butter andünsten. Champignons dazugeben und mitdünsten, bis die austretende Flüssigkeit verdampft ist. Mit Salz, Pfeffer und Petersilie würzen, beiseite stellen.

Restliche Butter erhitzen und das Mehl darin anschwitzen. Mit Milch ablöschen und 10 Minuten sanft köcheln lassen. Eigelb und Emmentaler unterrühren und mit Muskatnuss, Salz und Pfeffer würzen. Pilze in die Sauce geben und warm stellen.

Backofen auf 180 °C (Gas Stufe 1–2, Heißluft 160 °C) Oberhitze vorheizen. Kartoffeln schälen und in feine Streifen hobeln. Diese in einem Sieb mit kaltem Wasser abbrausen und zwischen zwei Küchentüchern sanft ausdrücken. Mit Salz und Muskatnuss würzen.

Speckscheiben auf ein Backblech verteilen und im heißen Backofen 6 bis 8 Minuten goldbraun backen.

Inzwischen Öl in einer Pfanne erhitzen und aus der Kartoffelmasse kleine Rösti darin goldgelb ausbacken. Auf Küchenpapier abtropfen lassen.

Jedes Rösti mit einer Scheibe Speck belegen und die heiße Champignonsauce dazu servieren.

Für immer Hertha • Carpaccio von der Herta-Wurst

2 EL mittelscharfer Senf • 10 EL Pflanzenöl •
8 Bockwürste (bevorzugt Herta) • 8 Radieschen •
4 große Kartoffeln (Griller) • Salz •
weißer Pfeffer aus der Mühle • Paprikapulver rosenscharf •
4 Senfgurken • 2 EL weißer Balsamico-Essig •
250 g Salatmix (aus dem Kühlregal)• 2 EL Olivenöl

für 4 Fußballfans

Spielregeln Senf in eine Schüssel geben und mit einem Schneebesen das Pflanzenöl tropfenweise dazugeben, bis die Masse leicht andickt.

Bockwürste auf der Aufschnittmaschine längs dünn aufschneiden (es geht auch mit einem langen Messer), beiseite legen. Radieschen waschen, putzen und vierteln.

Backofen auf 180 °C (Gas Stufe 2–3, Heißluft 160 °C) vorheizen. Kartoffeln schälen und in etwa 1,5 cm breite Stifte, so genannte Brückenpfeilerkartoffeln, schneiden. Mit Salz, Pfeffer und Paprikapulver würzen, auf ein mit Backpapier ausgelegtes Backblech legen und im heißen Ofen in 12 bis 15 Minuten knusprig backen.

In der Zwischenzeit die Senfgurken in kleine Würfel schneiden, zur Senfmasse geben und mit Salz, Pfeffer und etwas Essig abschmecken.

Die Hälfte der Senfmarinade auf vier flache Teller verteilen und schön ausbreiten.

Die Wurstscheiben flach im Kreis darauf verteilen und die Radieschen mit der restlichen Senfmasse auf die Oberseite geben. Den Salat in der Mitte des Wurstkreises anrichten und mit Olivenöl und wenig Essig marinieren. Die knusprigen Kartoffelstäbe um den Salat legen.

Friedrichsnudeln mit Arnes Pesto •

Spaghetti mit Kürbiskern-Minze-Pesto

1 Bund frische Minze • $1/2$ Bund Blattpetersilie • 1 EL Mandelblättchen • 2 EL Kürbiskerne • 1 Knoblauchzehe • 1 EL geriebene Zitronenschale • Salz • 2 EL frisch geriebener Parmesan • 175 ml Olivenöl • schwarzer Pfeffer aus der Mühle • 400 g Spaghetti

für 4 Fußballfans

Spielregeln Minze und Petersilie waschen, trockentupfen und die Blätter von den Stielen zupfen und grob klein schneiden. Mandeln und Kürbiskerne in einer Pfanne rösten und abkühlen lassen.

Kräuter, Knoblauch, 1 Esslöffel geriebene Zitronenschale, Kürbiskerne, Mandeln, Salz, Parmesan und die Hälfte des Olivenöls in einem Mixer pürieren. Unter weiterem Rühren das restliche Olivenöl nach und nach zugeben, sodass das Pesto eine sämige Konsistenz bekommt. Am Ende nochmals mit Salz und Pfeffer abschmecken und kühl stellen.

Spaghetti in reichlich Salzwasser „al dente" kochen und zusammen mit dem Pesto servieren.

Pasta, basta!

Mein Lieblingsgericht ist Pasta mit klassischem Pesto und überhaupt liebe ich die italienische Küche. Involtini, Antipasti sind ganz klar meine Favoriten, wenn ich italienisch essen gehe. Was ich überhaupt nicht mag, ist Rosenkohl, und auch scharfes Essen ist absolut nicht mein Fall. Asiatisches Essen mag ich auch supergern und hier esse ich am liebsten Gerichte mit Ente.

Altintops Doppelpass •

Puten-Auberginen-Röllchen mit pikantem Quark

2 kleine Auberginen • 4 EL Olivenöl • Salz • schwarzer Pfeffer aus der Mühle • 8 Putenschnitzel à 60 g • 1 EL Currypulver • 1 EL gehackter frischer Ingwer • 16 Zahnstocher zum Fixieren • 1 frische Chilischote • 250 g Magerquark • Saft einer Zitrone • 1 TL Zucker • 1 TL gehackter Koriander

für 4 Fußballfans

Spielregeln Auberginen waschen, Stielansätze entfernen und das Fruchtfleisch der Länge nach in jeweils vier Scheiben schneiden (Außenkanten der Auberginen werden nicht verwendet). Mit etwa 3 Esslöffeln Olivenöl bepinseln, salzen und pfeffern. In einer heißen Pfanne die Auberginenscheiben je Seite 2 Minuten braten.

Putenschnitzel leicht plattieren (am besten unter einen Gefrierbeutel legen und mit einem kleinen Topf darauf schlagen) und auf einer Arbeitsfläche auslegen. Schnitzel mit Currypulver und Ingwer bestreuen. Auf jedes Schnitzel eine gegarte Auberginenscheibe legen, das Ganze aufwickeln und mit je zwei Zahnstochern fixieren. Salzen und pfeffern.

Eine heiße Grillpfanne mit Olivenöl bepinseln und die Spieße darin etwa 10 Minuten grillen, dabei mehrmals wenden.

Chilischote waschen, entkernen und fein hacken. Quark mit Zitronensaft, Chili, Zucker und Koriander verrühren. Mit Salz und Pfeffer abschmecken und zu den gegrillten Röllchen servieren.

Tipp Anstatt in einer Grillpfanne können die Putenröllchen auch auf Alufolie direkt über dem Holzkohle- oder Elektrogrill gegart werden.

Team-Spirit

Meine allererste Vereinsfahrt (SC Herford) und damit gleichzeitig meine erste Auslandsreise ging für mich nach Spanien. Natürlich habe ich mich wahnsinnig darauf gefreut. Das bedeutete zwar 20 Stunden Busfahrt, dennoch war dieser „Vereinsausflug" ein wunderschönes Erlebnis. Nun war ich bis zu meinem 15. Lebensjahr immer der Kleinste und sah viel jünger aus als ich tatsächlich war. So standen wir dann abends vor einer Disco und ich durfte nicht hinein. Da gingen auch die anderen an diesem Abend alle nicht in die Disco – mir zuliebe. Das nenne ich Mannschaftsgeist!

3

Handspiel

Fingerfood

Praktischer geht's nun wirklich nicht. Egal ob der Fernseher in der Küche, im Wohnzimmer, im Schlafzimmer oder draußen auf dem Balkon oder der Terrasse steht. Nehmen Sie das Essen einfach mit und genießen Sie es bei einem spannenden Fußballmatch.
Ob Sie mit den Leckereien allerdings durch die Eingangskontrolle vom Fußballstadion kommen, das können wir Ihnen nicht versprechen!

Stadionbulette • Buletten à la Zacherl

2 Schalotten • 1 Knoblauchzehe • 2 Zweige Blattpetersilie • 2 Eier • 2 Spritzer Tabasco • 1 TL Paprikapulver • 2 EL Paniermehl • 2 TL Senf • 400 g Hackfleisch halb und halb • Salz • schwarzer Pfeffer aus der Mühle • 50 ml Pflanzenöl

für 4 Fußballfans

Spielregeln Schalotten und Knoblauch abziehen. Petersilie waschen, trockentupfen und die Blätter von den Stielen zupfen. Schalotten, Knoblauch und Petersilienblätter hacken.

Zusammen mit den Eiern, Tabasco, Paprikapulver, Paniermehl, Senf und Hackfleisch in eine Schüssel geben. Das Ganze vermengen und mit Salz und Pfeffer abschmecken.

Aus der Hackfleischmasse acht gleich große Kugeln formen. Das Öl in einer Pfanne erhitzen und die Hackfleischkugeln darin braten. Dabei gelegentlich wenden und nach etwa 6 Minuten auf einem Küchenpapier entfetten.

Tipp Dazu passt das selbst gemachte Ketchup (siehe Seite 16).

Fußball zum Essen • Gebackene Reis-Bananen-Bällchen

200 g Rundkornreis • Salz • 1 Banane • 1 kleine rote Chilischote • 2 EL Zucker • 2 EL Zitronensaft • 1 EL Sojasauce • 1 TL Sesamöl • 2 Eier • 5 EL weißer Sesam • 1 EL schwarzer Sesam • 2 EL Mehl • Pflanzenöl zum Ausbacken

für 4 Fußballfans

Spielregeln Reis gründlich mit kaltem Wasser waschen, in Salzwasser bissfest kochen und in ein Sieb abschütten. Gut auskühlen lassen.

Banane schälen und in kleine Stücke schneiden. Die Chilischote waschen, halbieren, von den Kernen befreien und in sehr feine Streifen schneiden.

Zucker in einer Pfanne goldgelb karamellisieren, Bananenstücke dazugeben und mit Zitronensaft ablöschen. Chili unterrühren. Den Herd ausschalten und das Ganze etwas ziehen lassen.

Den Reis mit Sojasauce und Sesamöl würzen. Eier trennen und 1 Eiweiß unter den Reis rühren.

Weißen und schwarzen Sesam mischen. Jeweils eine kleine Hand voll Reis nehmen, mit dem Daumen ein kleines Loch in die Mitte drücken, 1 Teelöffel von der Bananenmischung hineingeben und das Ganze zu einem Bällchen formen. Zuerst im Mehl, danach in den verquirlten Eigelben und anschließend im Sesam wälzen. Die Bällchen in einer Fritteuse bei 180 °C ausbacken.

90

Deutschlands Torschützenkönig

Currywurst mal anders mit Sauce Spezial

Für die Spieße 4 Brühwürste (je nach Geschmack) • 1 rote Paprika • 1 Gemüsezwiebel • 2 große festkochende Kartoffeln • 4 Schaschlikspieße • Salz • Pfeffer • Öl zum Braten • Currypulver zum Bestäuben

Für die Sauce Spezial 100 ml Tomatensaft • 200 g Ketchup • 1/2 TL grüne Currypaste • 2 EL Apfelmus • 2 TL Currypulver

für 4 Fußballfans

Spielregeln **Für die Spieße** Würste in etwa 2 cm große Stücke schneiden. Paprika längs vierteln und die weißen Trennwände sowie die Kerne entfernen. Die Viertel nochmals dritteln.

Zwiebel abziehen, Kartoffeln schälen. Beides in Stücke schneiden, die ebenso groß sind wie die Paprikastücke. Die Kartoffelstücke in kochendem Salzwasser in etwa 10 Minuten bissfest garen.

Abwechselnd Wurst-, Paprika-, Zwiebel- und Kartoffelstücke auf die Holzspieße stecken und mit Salz und Pfeffer würzen. Öl in einer Pfanne erhitzen und die Spieße darin von allen Seiten goldbraun braten. Spieße mit der Sauce Spezial überziehen und mit Currypulver bestreuen.

Für die Sauce Spezial den Tomatensaft mit Ketchup, Currypaste, Apfelmus und Currypulver im Mixer verrühren.

Lehrjahre

Mein Wechsel nach Bielefeld: Das war auch der Zeitpunkt, wo ich mich entscheiden musste, ob ich Amateur bleibe oder ins Profilager wechsle. Mein Traum war es immer, Profifußballer zu werden. Trotzdem fand ich es vernünftiger, eine Ausbildung zu machen und sie auch abzuschließen. Ich habe in einer Küchenmöbelfirma Industriekaufmann gelernt und in dieser Zeit jede freie Minute zum Fußballspielen genutzt. Neben Talent, Durchhaltevermögen und natürlich der Liebe zum Fußball gehört eine große Portion Glück dazu, letztlich in der Bundesliga spielen zu dürfen.

Chicken Klinsi • Hähnchen-Nuss-Nuggets

100 g Butter • 100 g Walnusskerne • 50 g Haselnusskerne • 50 g Pinienkerne • 600 g Hühnerbrustfilets • 1 EL Waldhonig • 3 EL grober Senf • Salz • Pfeffer aus der Mühle • 12 Zahnstocher

für 4 Fußballfans

Spielregeln Butter in einem kleinen Topf auf den Herd stellen und bei mittlerer Hitze zu Nussbutter kochen. Dazu die Butter erhitzen, durch ein feines Sieb gießen und anschließend weiter erhitzen, bis sie nussfarben gedunkelt ist.

Alle Nüsse und Pinienkerne hacken und in einer Schüssel miteinander vermischen.

Hühnerbrustfilets in zwölf gleich große Stücke schneiden. Honig, Senf und die Nussbutter in einer Schüssel miteinander verrühren, die Hühnerstücke darin 2 bis 3 Stunden im Kühlschrank zugedeckt marinieren.

Backofen auf 180 °C (Gas Stufe 2–3, Heißluft 160 °C) vorheizen. Filetstücke mit Salz und Pfeffer würzen und anschließend in der Nussmischung wälzen. Auf ein mit Backpapier belegtes Blech legen und im heißen Ofen etwa 12 Minuten backen.

Die fertigen Nuggets auf einen Teller legen, in jedes einen Zahnstocher stecken und warm servieren.

Brot und Spiele • Brotchips mit zweierlei Belag

Für die Brotchips 2 Baguettes vom Vortag • 5 Zweige Thymian • Meersalz • 5 EL Olivenöl

Für das Tomaten-Kapern-Ragout 5 Tomaten • 100 g Kapern • Saft von 1 Limette • 1 EL Honig • 1 Knoblauchzehe • etwas Olivenöl • 100 g Crevetten • Salz • Pfeffer • 3 Zweige Basilikum

Für die Oliventapinade 250 g schwarze Oliven ohne Kerne • 2 Sardellenfilets • 1/2 Knoblauchzehe • etwas Olivenöl • Zucker • Pfeffer

für 4 Fußballfans

Spielregeln **Für die Brotchips** Baguettes in 3 mm dünne Scheiben schneiden (am besten schräg, damit die Scheiben größer werden). Die Scheiben nebeneinander auf ein mit Backpapier ausgelegtes Backblech legen. Thymian waschen, trockentupfen und die Blättchen von den Stielen zupfen. Diese auf den Brotscheiben verteilen. Mit Meersalz würzen und Olivenöl darauf träufeln. Das Ganze im Ofen 6 bis 8 Minuten backen, bis die Brotchips goldgelb sind.

Für das Tomaten-Kapern-Ragout Tomaten waschen, vierteln, Strunk und Kerne entfernen und die Tomatenfilets in 1/2 cm große Würfel schneiden. Kapern grob hacken und zusammen mit den Tomatenwürfeln in eine Schüssel geben. Limettensaft und Honig dazugeben und alles verrühren.

Knoblauch abziehen, hacken und in heißem Olivenöl anschwitzen. Crevetten dazugeben, salzen und pfeffern und alles durchschwenken. Vom Herd nehmen und zu der Tomaten-Kapern-Mischung geben.

Basilikum waschen, trockentupfen, Blätter in kleine Stücke schneiden und unterrühren.

Für die Oliventapinade Oliven, Sardellenfilets und Knoblauch in einem Mixer zu einer Paste verarbeiten. Eventuell etwas Olivenöl zugeben, falls die Paste zu trocken ist. Mit Zucker und Pfeffer abschmecken.

Die Saucen in Schälchen füllen, Brotchips in einen Korb geben und zusammen servieren.

Fußballidole

Mein Lieblingsspieler ist Zinedine Zidane! Früher war ich auch Fan von Matthias Sammer (einfach auch aus dem Grunde, weil ich Dortmund als Verein sehr mochte). In unserer Mannschaft in Berlin war Marko Rehmer mein bester „Kumpel", der heute leider nicht mehr bei uns spielt. Im Mannschaftsbus sitze ich bei den Fahrten zu den Auswärtsspielen meistens neben Artur Wichniarek. Schöner als Bus zu fahren finde ich allerdings Zugfahrten!

Kahns Eiersandwich • Lachs-Sauerkraut-Häppchen

1 Bund Kerbel • 100 g Crème fraîche • Saft von 1 Limette • Salz • Pfeffer aus der Mühle • 4 Eier • etwas Butter • 1 Dose mildes Weinsauerkraut (314 ml) • 1 Vollkornbaguette • 300 g Räucherlachs

für 4 Fußballfans

Spielregeln Kerbel waschen, trockentupfen, entstielen und fein hacken. Crème fraîche und Limettensaft verrühren und mit Salz und Pfeffer würzen.

Eier in eine Schüssel schlagen, verquirlen und mit Salz und Pfeffer leicht würzen. Eine beschichtete Pfanne mit Butter ausstreichen und erhitzen. Eiermasse zugeben und bei mittlerer Hitze langsam backen, dabei nicht rühren.

Sauerkraut in einem Sieb abtropfen lassen. Baguette schräg in Scheiben schneiden und mit dem Räucherlachs belegen. Sauerkraut auf den Broten verteilen.

Die gebackene Eiermasse in Dreiecke schneiden und auf das Sauerkraut setzen. Jeweils einen kleinen Löffel voll Kerbelcreme darauf geben.

Meisterschale • Leberkäse-Wurst-Salat

200 g frischer Leberkäse (in Scheiben) • 4 Weißwürste • 4 Gewürzgurken • 2 rote Zwiebeln • 4 EL süßer Senf • 2 EL weißer Balsamico-Essig • Salz • grober Pfeffer aus der Mühle

für 4 Fußballfans

Spielregeln Leberkäse in dünne Streifen schneiden, von den Weißwürsten die Haut entfernen, längs halbieren und in halbrunde Scheiben schneiden. Zusammen mit dem Leberkäse in eine große Schüssel geben.

Gewürzgurken längs halbieren und in Scheiben schneiden. Zwiebeln abziehen, vierteln und in feine Scheiben schneiden. Zusammen mit Senf und Essig in die Schüssel geben. Alles miteinander vermengen und mit Salz und Pfeffer würzen.

Auszeit

Gerade als ich den Vertrag bei Hertha BSC Berlin für die bevorstehende Saison unterschrieben hatte, habe ich mir zwei Bundesligaspiele später bei Bielefeld einen Sehnenkanalabriss geholt. Das war eine harte Zeit für mich, denn in diesem Jahr spielten wir um den Aufstieg mit und ich konnte ab dem Tag nichts mehr für die Mannschaft machen. Ich musste vier Monate in der Reha für mein Comeback arbeiten. Die Saison war für mich gelaufen. Ich habe natürlich alle Spiele weiterhin verfolgt. Im letzten Heimspiel der Saison haben wir den Aufstieg perfekt gemacht. Die Freude war riesig, und doch war es ein komisches Gefühl, da die Zeit des Abschieds von Bielefeld gekommen war.

Chicken Frings • Gegrillte Chicken Wings mit Bulgur-Rucola-Salat

40 Hähnchenflügel

Für die Marinade 3 EL frischer Ingwer • 1 Knoblauchzehe • Salz • 1/2 Chilischote • 1 TL Zucker • Pfeffer aus der Mühle • 4 TL Pflanzenöl

Für den Salat 2 unbehandelte Limetten • 1/2 unbehandelte Orange • 2 Bund Rucola • 2 Zweige Petersilie • 4 Zweige Kerbel • 1 Zweig Estragon • 1 Zweig Minze • 1 TL Salz • 2 Messerspitzen gemahlener Kreuzkümmel • 200 g Bulgur • 2 EL Olivenöl • Pfeffer aus der Mühle

Für die Glasur 80 g Quittengelee • 1 EL feine Senfkörner

für 4 Fußballfans

Spielregeln Die Hähnchenflügel waschen und trockentupfen.

Für die Marinade Ingwer schälen und reiben. Knoblauch abziehen, klein schneiden und mit Hilfe einer Messerspitze mit etwas Salz zerdrücken.

Chilischote waschen, entkernen und in feine Würfel schneiden. Ingwer, Chili, Knoblauch, Zucker, Salz, Pfeffer und Öl zu einer Paste verrühren. Flügel damit einreiben, abdecken und einen Tag kühl stellen.

Für den Salat Limetten und Orange waschen, mit einem Sparschäler dünn schälen, die Schale in sehr feine Würfel schneiden. Früchte auspressen, Saft auffangen. Rucola und Kräuter waschen und trockentupfen. Rucola klein schneiden, Kräuter entstielen und hacken.

Dann 200 ml Wasser mit Salz, Kreuzkümmel, Orangen- und Limettenschalenwürfeln zum Kochen bringen. Den Bulgur damit übergießen. Das Ganze 30 Minuten quellen lassen, bis der Bulgur weich ist.

Bulgur in einem Sieb abtropfen lassen und zusammen mit den Fruchtsäften, Öl, Kräutern und Rucola in eine Schüssel geben. Das Ganze vermengen und mit Salz und Pfeffer abschmecken.

Für die Glasur Grill vorheizen. Gelee und Senfkörner verrühren. Flügel auf ein Blech legen. 25 Minuten grillen, alle 3 Minuten wenden. Nach 20 Minuten die Flügel mit Glasur bestreichen. Mit dem Salat servieren.

Bastis Schweinsöhrchen • Pikante Schweinsöhrchen

300 g schwarze Oliven ohne Kern • 1/2 Knoblauchzehe • 3 Sardellenfilets • etwas Olivenöl • 2 Zweige Thymian • 1 Prise Zucker • Salz • Pfeffer aus der Mühle • 3 TK-Blätterteigplatten 10 x 15 cm

für 4 Fußballfans

Spielregeln Oliven waschen. Knoblauch abziehen. Beides zusammen mit den Sardellenfilets und etwas Olivenöl in einen Mixer geben und zu einer Paste verarbeiten.

Thymian waschen, trockentupfen und die Blättchen von den Stielen zupfen. Zucker, Salz, Pfeffer und Thymianblätter zur Paste geben und alles miteinander verrühren.

Blätterteig auf einer bemehlten Arbeitsfläche auslegen und nach Packungsanleitung auftauen lassen. Olivenpaste dünn auf den Blätterteig streichen, dabei auf den längeren Seiten je etwa 1 cm aussparen. Die Längsseiten von beiden Seiten bis zur Mitte einrollen. Die Rollen etwa 30 Minuten kalt stellen.

Backofen auf 220 °C (Gas Stufe 4–5, Heißluft 220 °C) vorheizen. Die Rollen in 1/2 cm dünne Scheiben schneiden und nebeneinander auf ein mit Backpapier ausgelegtes Backblech legen. Im heißen Ofen etwa 10 Minuten backen, bis sie goldbraun sind.

Chicken-Takahara • Hühnerspieße asiatischer Art

1 EL Sesamkörner • 1 TL geröstetes Sesamöl • 1 EL Honig • 2 EL Sojasauce • 250 g Hähnchenbrust (ersatzweise Putenbrust) • 250 g Basmatireis • 1 gelbe Paprika • 1 rote Paprika • 100 g Tofu, schnittfest • Salz • weißer Pfeffer aus der Mühle • 4 Holzspieße • Öl zum Braten • 1 EL frisch gehackter Koriander

für 4 Fußballfans

Spielregeln Sesamkörner in einer Pfanne ohne Fett bei geringer Hitze leicht anrösten. Sesamöl, Honig, Sojasauce und Sesamkörner zu einer Marinade verrühren. Hähnchenbrust in etwa zweimal 2 cm große Stücke schneiden und darin marinieren.

Inzwischen Reis mit kaltem Wasser abspülen und in kochendem, leicht gesalzenem Wasser bissfest garen.

Paprika waschen, vierteln und vom Kerngehäuse befreien. Tofu in 2 cm große Würfel schneiden. Abwechselnd Hähnchenfleisch, Paprika und Tofu auf die Spieße stecken und mit Salz und Pfeffer würzen.

Öl in einer Pfanne erhitzen und die Spieße darin von allen Seiten braten. Kurz bevor sie gar sind, mit der restlichen Marinade übergießen. Spieße herausnehmen und warm stellen.

Reis und Koriander in die Pfanne geben, umrühren und zusammen mit den Spießen servieren.

Kurz und knapp

Naohiro Takahara, Stürmer beim HSV, wurde bei einem Besuch in einer Hamburger Schule von seinen kleinen Fans mit folgenden Fragen bombardiert: „Hast du dir schon mal ein Autogramm von Ballack geholt?", „Wohnen Deine Eltern in Japan?", „Wie oft kannst Du sie besuchen?", „Hast Du schon eine Frau?", „Bist du Millionär?", „Fliegst Du am Wochenende immer zurück nach Japan?", „Sind Japan und China das Gleiche?" Takahara lächelte, zuckte mit den Schultern und antwortete knapp: „Kein Autogramm von Ballack", „Eltern in Japan", „Hier ganz allein", „Nein, China ganz anders als Japan".

Grillfleisch vom Rost • Arabische Fleischspieße

2 TL frischer Ingwer • 1 Knoblauchzehe • 400 g Rinderhackfleisch • 1 TL gemahlener Zimt • 1 TL Kurkuma • 1/2 TL frisch gemahlener Kardamom • 1/2 TL frisch gemahlener Koriander • 1/2 TL frisch gemahlener Kreuzkümmel • 50 g Paniermehl • 1 Ei • 1 EL Honig • Salz • schwarzer Pfeffer aus der Mühle • 8 Holzspieße • 3 EL Pflanzenöl

für 4 Fußballfans

Spielregeln Ingwer und Knoblauch schälen und in sehr feine Würfel schneiden. Zusammen mit dem Fleisch, Gewürzen, Paniermehl, Ei und Honig in eine Schüssel geben und alles miteinander vermengen. Mit Salz und Pfeffer abschmecken.

Masse in acht gleich große Portionen teilen und jede um einen Holzspieß kneten. Öl in einer Pfanne (am besten eine Grillpfanne) erhitzen und die Spieße darin von allen Seiten etwa 12 Minuten braten, bis sie goldbraun sind.

Tipp Zu den Spießen passt sehr gut Reis oder frisches Fladenbrot.

Die Spieße schmecken auch kalt hervorragend. Sie lassen sich somit gut vorbereiten, wenn Gäste kommen.

Pommes Blau-Weiß • Pommes nicht nur für Blau-Weiß-Fans

800 g lila Kartoffeln • 4 Gewürzgurken • 2 EL frischer Meerrettich • 150 g Mayonnaise • 200 g Magerquark • Saft von 1 Zitrone • Salz • Zucker • 700 ml Pflanzenöl

für 4 Fußballfans

Spielregeln Kartoffeln gründlich waschen und auf einem Gemüsehobel etwa 2 mm dünn hobeln. Die Kartoffelscheiben bis zum Frittieren in kaltem Wasser lagern.

Gewürzgurken in kleine Würfel schneiden und Meerrettich reiben. Beides zusammen mit Mayonnaise, Quark und Zitronensaft verrühren und mit Salz und Zucker würzen.

Pflanzenöl in einem mittelgroßen Topf oder einer Fritteuse auf etwa 180 °C erhitzen. Die gehobelten Kartoffeln abgießen, trockentupfen und in kleinen Portionen im heißen Fett ausbacken. Anschließend auf einem Küchenpapier entfetten. Darauf achten, dass die Kartoffelscheiben beim Frittieren nicht grau werden, ansonsten werden sie leicht bitter. Noch warm mit der Meerrettichmayonnaise servieren.

Tipp Das Ganze wird noch bunter, wenn Sie zwei Sorten Kartoffeln mit verschiedenen Dipps verwenden. Anregungen finden Sie im Kapitel Anstoß.

Made for Miro Klose •

Sweet Chicken mit Rosmarinkartoffeln

8 Hähnchenschenkel • Salz • Pfeffer aus der Mühle • Öl zum Braten •
2 EL Honig • 200 ml Orangensaft •
Schale von 1 unbehandelten Orange • 2 EL Orangengelee •
12 festkochende Kartoffeln • 24 Rosmarinspitzen •
24 Scheiben Frühstücksbacon • etwas Butter

für 4 Fußballfans

Spielregeln Hähnchenschenkel mit Salz und Pfeffer würzen. Öl in einer Pfanne erhitzen und die Schenkel darin anbraten, dann mit Honig bestreichen. Zusammen mit Orangensaft, -schale und -gelee in einen Bräter geben. Den Backofen auf 190 °C (Gas Stufe 3, Heißluft 170 °C) vorheizen.

Inzwischen Kartoffeln waschen und halbieren. Auf jede Kartoffelhälfte eine Rosmarinspitze legen und mit je einer Scheibe Bacon umwickeln. Die Kartoffeln nun in eine gebutterte, feuerfeste Pfanne legen.

Bräter und Pfanne in den heißen Backofen stellen und 10 Minuten garen lassen. Anschließend die Temperatur auf 170 °C (Gas Stufe 2, Heißluft 150 °C) herunterschalten und weitere 40 Minuten garen. Dabei die Schenkel mehrmals mit Wasser bestreichen.

Kartoffeln und Hähnchenschenkel auf vier Tellern anrichten und den Bratensaft über die Schenkel geben.

Gewohnheiten

Anekdoten sind dafür da, sie weiterzuerzählen. Über Bernd Schneider gibt es eine nette Raststätten-Anekdote: jene, die er immer wieder ansteuert, wenn er auf seinem Weg in die ostdeutsche Heimat ist. Bernd Schneiders Heimkehr-Ritual sieht so aus, dass er stets in der gleichen Raststätte seine Bratwurst isst.

Bernd Schneider ist übrigens einer der „Ruhepole" in der Nationalmannschaft, wie auch Miro Klose. Miroslav kann Salti schlagen und hoffentlich hat er während der WM dazu genug Gelegenheit! Auf seiner persönlichen Webseite verriet er mal, dass er besonders gerne Putenschnitzel mit Bratkartoffeln mag. Ralf hat sich sofort bereit erklärt, für ihn persönlich mal zu kochen!

Training

Gutes für die Abwehr

Möhrensaft statt Sonnenbank? Keine Angst, denn es wird lecker. Von den folgenden Gerichten darf es ruhig ein bisschen mehr sein!

„Mehr“ können Sie sowieso immer gerne zubereiten, denn Essen und Fußballschauen sind die besten Gelegenheiten, Freunde und Bekannte wieder zusammenzubringen. Kochen Sie doch mal alle gemeinsam!

Mit einer guten Mannschaftsaufstellung und der richtigen Spieltaktik sind im Nu leckere Gerichte auf dem Tisch.

Die Viererkette • Kräutercrêpes mit Ziegenkäsefüllung

20 g Butter • 100 g Mehl • 2 Eier • 1 Eigelb • 200 ml Milch • 1 EL gehackter Oregano • 1 EL gehackte Petersilie • Salz • geriebene Muskatnuss • 1 rote Zwiebel • 1 EL Olivenöl • 50 g getrocknete Tomaten • 50 g schwarze Oliven • 50 g grüne Oliven • ca. 70 ml Wasser • 200 g Ziegenkäse • schwarzer Pfeffer aus der Mühle

für 4 Fußballfans

Spielregeln Butter in einer Pfanne bräunen und abkühlen lassen. Anschließend in eine Schüssel geben, Mehl darauf sieben, Eier und Eigelb dazugeben und unter Rühren mit der Milch auffüllen. Der Crêpeteig sollte keine Klümpchen haben, falls doch, einfach durch ein Sieb passieren. Kräuter dazugeben und mit Salz und Muskatnuss würzen. Danach in einer beschichteten Pfanne zu dünnen Crêpes ausbacken.

Zwiebel abziehen, fein würfeln und im heißen Olivenöl andünsten. Tomaten und Oliven klein hacken. Zwiebel, Tomaten, Oliven und Wasser zum Ziegenkäse geben, verrühren und mit Salz und Pfeffer würzen.

Ziegenkäsemasse mit Hilfe eines breiten Messers oder einer Palette auf die Crêpes streichen, dabei ein Drittel der Crêpes frei lassen. Crêpes fest zusammenrollen und für etwa 15 Minuten in den Kühlschrank stellen.

Crêpes jeweils in vier gleich große Stücke schneiden und wie eine Vierer-Abwehrkette auf Tellern anrichten. Nach Belieben mit Salat dekorieren.

Chaos, nein danke

Ich denke, kaum jemand kommt ohne einen „persönlichen Spleen" aus. Meiner lautet „Ordnungsliebe". Ich hebe jeden Fussel auf, liebe es, wenn alles seinen geordneten Platz hat; selbst die Schuhe müssen an ihrem festgelegten Platz stehen und dürfen nicht im Flur „herumfliegen". In einer unordentlichen Wohnung fühle ich mich absolut nicht wohl und ein schönes Zuhause finde ich total wichtig! Immer wenn ich nach Hause komme, ziehe ich mir sofort bequeme Sachen an.

(Fitness)-Volltreffer •

Salat von getrockneten Kirschtomaten

4 Zweige Thymian • 1 Zweig Rosmarin • 2 Knoblauchzehen •
1 TL Zucker • Salz • schwarzer Pfeffer aus der Mühle • Olivenöl •
Schale von 1 unbehandelten Orange •
2 kg Kirschtomaten am Strauch • 3 Bund Rucola •
2 EL Balsamico-Essig • 3 Zweige Basilikum

für 4 Fußballfans

Spielregeln Thymian und Rosmarin waschen, trockentupfen und entstielen. Knoblauchzehen abziehen und alles klein hacken.

Zucker, 2 Teelöffel Salz, Pfeffer, 3 Esslöffel Olivenöl, Orangenschale und gehackte Kräuter miteinander verrühren. Tomaten waschen, halbieren und kurz darin marinieren.

Backofen auf 120 °C (Gas Stufe 1, Heißluft 100 °C) vorheizen. Tomatenhälften mit der Schnittseite nach oben auf ein Backblech legen und im heißen Ofen etwa 45 Minuten trocknen, bis die Tomaten weich werden.

Rucola waschen, trockenschleudern und in eine Schüssel geben. Die getrockneten Tomaten dazugeben und mit Balsamico-Essig und Olivenöl beträufeln. Basilikum waschen, trockentupfen, entstielen und auf den Salat streuen. Mit warmem Baguette servieren.

Tipp Die getrockneten Tomaten eignen sich, in Weckgläser abgefüllt und mit Olivenöl aufgefüllt, auch als kleines Gastgeschenk bei Auswärtsspielen oder Geburtstagen.

Abwehrriegel •

Knusperbrot mit roh mariniertem Rinderfilet und Radieschencreme

24 Scheiben Knäckebrot

Für die Radieschencreme 200 g Radieschen • 1 rote Zwiebel • 2 Knoblauchzehen • 1 EL Estragonessig • 1 TL Zucker • 3 EL Crème fraîche • 3 EL saure Sahne • Salz • schwarzer Pfeffer aus der Mühle • ca. 12 Kopfsalatblätter • 2 Kästchen Gartenkresse

Für das Rinderfilet 4 EL Rapsöl • 500 g Rinderfilet (wer sparen will, nimmt Hüfte) • Salz • schwarzer Pfeffer

für 4 Fußballfans

Spielregeln **Für die Radieschencreme** die Radieschen waschen, Wurzel und Blätter entfernen und raspeln. Zwiebel und Knoblauch abziehen und in feine Würfel schneiden. Zusammen mit Essig, Zucker, Crème fraîche und saurer Sahne in eine Schüssel geben und alles miteinander verrühren. Mit Salz und Pfeffer würzen. Abgedeckt 30 Minuten im Kühlschrank durchziehen lassen.

Für das Rinderfilet ein Backblech mit Rapsöl bestreichen. Rinderfilet in dünne Scheiben schneiden. Die Scheiben zwischen zwei Gefrierbeutel legen und mit einem Fleischklopfer auf 1 bis 2 mm Dicke klopfen. Auf das Blech legen und mit Salz und Pfeffer würzen. Abgedeckt im Kühlschrank etwa 10 Minuten durchziehen lassen.

Zum Anrichten die Hälfte der Knäckebrote mit Kopfsalat belegen, die Radieschencreme und Kresse darauf verteilen und mit Rinderfiletscheiben belegen. Die restlichen Brote als Deckel darauf setzen.

Ess-Erlebnis

Frühstück finde ich wichtig! Allerdings nehme ich mir dafür im „normalen Alltag" nicht viel Zeit und schlafe dafür lieber etwas länger. Aber im Urlaub genieße ich es, lange und ausgiebig zu frühstücken. Wenn mich Freunde zwischendurch mal anrufen, hören sie nicht selten von mir: „Keine Zeit – ich muss jetzt essen."

Auch wenn ich auf einige Dinge verzichte, wie zum Beispiel Alkohol, liebe ich es, zu essen und natürlich im Optimalfall mit viel Ruhe und Zeit. An einfache Dinge traue ich mich selbst auch mal ran. Als ich die tollen Profimesser von Manu geschenkt bekam, habe ich sogar mal ein Fischgericht ausprobiert. Für mich war es okay, allerdings um Gäste zu bewirten, muss ich noch ein bisschen mit Ralf üben.

Viertelfinale • Mediterranes Ofenblech

2 rote Paprika • 2 gelbe Paprika • 250 g Tomaten •
2 große Gemüsezwiebeln • 2 Zucchini • 1 Knolle Knoblauch •
Salz • schwarzer Pfeffer aus der Mühle •
100 g schwarze Oliven, ohne Kern •
100 g eingelegte getrocknete Tomaten • 100 ml Olivenöl •
4 Zweige Rosmarin • 4 Zweige Thymian • 200 g Parmaschinken

für 4 Fußballfans

Spielregeln Paprika waschen, vierteln und Strunk, Trennwände und Kerne entfernen. Tomaten waschen, vierteln, Strunk entfernen und entkernen. Zwiebeln abziehen und längs in Viertel schneiden. Zucchini waschen, Strunk entfernen und der Länge nach vierteln. Knoblauchknolle vierteln.

Backofen auf 130 °C (Gas Stufe 1, Heißluft 120 °C) vorheizen. Das Gemüse mit der Schale nach oben in eine Auflaufform legen und mit Salz und Pfeffer würzen. Jeweils eine Hand voll Oliven und getrockneten Tomaten über das Gemüse streuen und das Olivenöl dazugeben. Die Kräuter waschen, trockentupfen und zwischen das Gemüse legen. Das Ganze für 45 Minuten, also eine Halbzeit, in den heißen Ofen stellen.

In der Halbzeitpause oder nach dem Spiel den Schinken in die Hand nehmen und das Gemüse damit aufgreifen.

Tipp Als Beilage passt ein frisch gebackenes Knoblauchbaguette dazu. Wer möchte, kann sich auch ein bisschen geriebenen Parmesan auf das Gemüse streuen.

Danke, Franz!

Wahrscheinlich ist: An der WM im eigenen Land kommt (kaum) jemand vorbei. Allerdings müssen Sie deswegen nicht für kurze Zeit Robbie Williams, Showgröße Thomas Gottschalk oder gar Schumi vergessen. Oder doch? Die Euphorie in Sachen Fußball wird Ihnen während der WM, schon gar im eigenen Land, bestimmt überall begegnen. Und sicher auch beim Einkaufen im Supermarkt ...

Grüße aus Portugal •

Piri-Piri-Huhn mit Garnelen und Kräuterkartoffeln

4 Hähnchenbrustfilets (ca. 700 g) • 2 Knoblauchzehen •
2 EL Piri-Piri-Paste (rote Pfefferpaste aus Portugal) • 10 EL Olivenöl •
4 Garnelen 8/12 ohne Kopf • 1 rote Paprika • 1 gelbe Paprika •
1 Bund Frühlingszwiebeln • 1 Zucchini •
10 große Kartoffeln (ca. 700 g)• Salz •
schwarzer Pfeffer aus der Mühle • frisch geriebene Muskatnuss •
1 EL Rosmarin • 1 EL Thymian • 1 TL Lavendel • 200 ml Weißwein •
1/2 l Brühe, Instant

für 4 Fußballfans

Spielregeln Hähnchenbrustfilets waschen und trockentupfen. Knoblauch abziehen und fein hacken. Zusammen mit der Piri-Piri-Paste und 2 Esslöffeln Olivenöl verrühren. Das Fleisch für ca. 15 Minuten in der Mischung marinieren.

Backofen auf 200 °C (Gas Stufe 3–4, Heißluft 180°C) vorheizen. Die Garnelen schälen, den Darm entfernen und das Fleisch grob würfeln. Paprikas waschen, halbieren, entkernen und in feine Streifen schneiden. Frühlingszwiebeln waschen, putzen und in feine Ringe schneiden. Zucchini waschen, putzen und würfeln. Kartoffeln schälen und in etwas dickere Scheiben schneiden.

Einen Bräter mit den Kartoffelscheiben auslegen, mit Salz, Pfeffer und Muskatnuss würzen und gut mit 8 Esslöffeln Olivenöl beträufeln. Die Hälfte des Gemüses darauf verteilen und die Hähnchenfilets darauf legen. Nochmals würzen. Garnelen und Kräuter darauf geben und das restliche Gemüse darauf verteilen.

Das Ganze mit Weißwein und Brühe auffüllen und im heißen Ofen etwa 40 Minuten garen.

Auswärtsspiel: Energie auf fremden Plätzen •

Kalte Sauerkraut-Apfel-Suppe

2 Gemüsezwiebeln • 1 Knoblauchzehe • 200 g Knollensellerie •
50 g Butter • 1 Dose (450 ml) Sauerkraut •
2 Äpfel (Braeburn oder Boskop) • Zucker • Salz •
1 Messerspitze frisch geriebene Muskatnuss •
weißer Pfeffer aus der Mühle •
3/4 l Instant Gemüsebrühe oder Geflügelbrühe • 3 Lorbeerblätter •
2 Pimentkörner • 1 Nelke • 200 g getrocknete Äpfel •
200 g Sahne • 2 EL saure Sahne • 300 ml Milch • etwas Zitronensaft

für 4 Fußballfans

Spielregeln Zwiebeln und Knoblauch abziehen und würfeln. Sellerie schälen und in walnussgrosse Stücke schneiden. Butter in einem Topf erhitzen und beides bei geringer Hitze darin andünsten.

Sauerkraut in ein Sieb geben, mit Wasser abspülen und abtropfen lassen. Äpfel waschen, vierteln, Kerngehäuse entfernen und das Fruchtfleisch in kleine Stücke schneiden.

Äpfel und Sauerkraut in den Topf dazugeben und mit Zucker, Salz, Muskatnuss und Pfeffer würzen. Das Ganze mit Brühe auffüllen, Lorbeerblätter, Piment, Nelke und eine Hand voll getrocknete Äpfel dazugeben. Aufkochen und etwa 20 Minuten bei geringer Hitze köcheln lassen.

Sahne unterrühren und die Suppe mit Zucker, Salz und Pfeffer abschmecken. Vom Herd nehmen und kurz abkühlen lassen.

Saure Sahne dazugeben und alles mit einem Pürierstab pürieren. Dabei am Ende die Milch unterpürieren. Wer möchte, gibt noch einen Spritzer Zitronensaft hinzu.

Maradonas Papayasalat • Papaya-Avocado-Salat

2 reife Papayas • 2 reife Avocados • 1 unbehandelte Limette • 400 g Shii-Take-Pilze • etwas Rapsöl • Salz • Pfeffer aus der Mühle • 1 TL Rotweinessig • Tabasco • 1 rote Chilischote

für 4 Fußballfans

Spielregeln Papayas und Avocados schälen, entkernen, in 1/2 cm große Stücke schneiden und in eine Schüssel geben. Limette waschen, die Schale auf einer feinen Reibe abreiben (nur das Grüne, denn das Weiße ist bitter), Saft auspressen. Beides in die Schüssel geben.

Stiele von den Pilzen entfernen und Kappen in 5 mm breite Streifen schneiden. Öl in einer Pfanne erhitzen und die Pilzstreifen darin anbraten. Salzen, pfeffern und mit Rotweinessig ablöschen.

Pilze mit in die Schüssel geben, alles miteinander vermengen und mit Salz, Pfeffer und Tabasco abschmecken.

Chili waschen, halbieren, Kerne entfernen, in ganz feine Streifen schneiden und auf den Salat streuen.

13
ARCOR
ARCOR

Taktische Variante

Orangenpenne mit Spargel und Räucherfisch

1 l frischer Orangensaft (nicht zu süß) • Salz • 250 g Penne-Nudeln • 500 g grüner Spargel • 1 Bund Frühlingszwiebeln • Zucker • 2 Orangen • 250 g Räucherfischfilets (z. B Forelle, Makrele) • 1 Vanilleschote • 1 Messerspitze Kurkuma • 100 ml Olivenöl • 1 Radicchio • weißer Pfeffer aus der Mühle

für 4 Fußballfans

Spielregeln Orangensaft in einem großen Topf zum Kochen bringen, leicht salzen, die Nudeln dazugeben und „al dente" kochen. In ein Sieb abschütten, den Saft dabei auffangen.

Die unteren Enden des Spargels schälen und die holzigen Enden abschneiden. Spargel in 1 cm große Stücke schneiden. Frühlingszwiebeln waschen und ebenfalls in 1 cm große Stücke schneiden. Beides in eine Schüssel geben und mit Salz und Zucker würzen.

Orangen filetieren. Dazu mit einem Messer die Schale abschneiden und die Filets an den Häutchen entlang herausschneiden. Fisch in etwa 3 cm große Stücke schneiden.

Den aufgefangenen Orangensaft aufkochen. Vanillemark auskratzen und zusammen mit dem Kurkuma dazugeben. Mit der Hälfte des Olivenöls verfeinern.

Radicchio waschen und in Streifen schneiden. Das restliche Öl in einer Pfanne erhitzen und das Spargel-Frühlingszwiebel-Gemüse darin kurz dünsten und mit Pfeffer würzen. Nudeln, Orangenfond und -filets unterrühren und kurz vor dem Anrichten die Radicchiostreifen dazugeben. Zum Schluss den Räucherfisch darauf setzen. Am besten lauwarm servieren.

Ausgleich

„Beim Kochen muss Musik laufen", meint Ralf. Was meinen Musikgeschmack angeht: Ich höre alles, was so im Radio läuft, und habe keine ausgesprochenen Musikfavoriten. Zudem denke ich, ist Musik auch eine Lust-und-Laune-Angelegenheit. Dagegen habe ich eine neue Leidenschaft entdeckt, quasi als Ausgleichssport: Das Golfen. Sooft ich dazu Zeit finde, gehe ich nach Potsdam auf den Golfplatz oder auch gerne mal zum Relaxen in die Sauna. Vis-a-vis von unserem Trainingsplatz haben wir ein Fitnesszentrum, wo ich ebenso regelmäßig und gerne hingehe. Meine E-Mails abzuholen ist mittlerweile regelmäßige Pflichtübung geworden, und zudem halte ich so auch lockeren Kontakt zu den Fans.

Fan-erprobt

Hall of fame – Küchenklassiker

Neue Rezepte braucht das Land! Aber nicht, wenn es um unsere Lieblingsgerichte und die heiß geliebten Küchenklassiker aus Omas Zeiten geht.

Hier finden Sie diese Gerichte. Sie wurden etwas abgewandelt, damit sie noch schneller zubereitet werden können.

So bleibt genügend Zeit für eine kleine Trainingseinheit.

Serie A • Salat von gebackenen Kartoffeln mit Mortadella

300 ml Pflanzenöl zum Ausbacken •
500 g kleine fest kochende Kartoffeln, z. B. La Ratte, Drillinge •
Salz • 1 rote Paprika • 1 gelbe Paprika • 1 Bund Frühlingszwiebeln •
2 Schalotten • 1 Knoblauchzehe • 1 Zweig Rosmarin •
1 Zweig Thymian • 100 ml Olivenöl • 1 EL weißer Balsamico-Essig •
schwarzer Pfeffer aus der Mühle • Paprikapulver •
200 g Mortadella • Schnittlauch für die Garnitur

für 2 Fußballfans

Spielregeln Öl in einer Fritteuse oder einem großen Topf auf etwa 180 °C erhitzen. Kartoffeln ungeschält gut waschen und auf dem Gemüsehobel in etwa 1 mm dicke Scheiben hobeln. Im heißen Fett nach und nach knusprig gelb ausbacken. Auf Küchenpapier entfetten und salzen.

Paprika waschen, vierteln und vom Kerngehäuse befreien. Frühlingszwiebeln waschen. Beides in etwa 1 x 1 cm große Stücke schneiden. Schalotten abziehen und fein würfeln. Knoblauch abziehen und hacken. Kräuter waschen, trockentupfen und die Nadeln bzw. Blätter von den Stielen zupfen.

Schalotten im heißen Olivenöl anbraten. Paprikastücke sowie die Kräuter dazugeben. Kurz vor Schluss Knoblauch, Frühlingszwiebeln und Essig hinzufügen und kräftig mit Salz, Pfeffer und Paprika würzen. Nun die warme Masse über die Kartoffeln geben, den Salat mit der Mortadella belegen, mit Schnittlauch garnieren und anschließend servieren.

Tipp Dieser Salat passt super zu allen Grillgerichten.

Die F-Jugend • Das Basisrisotto

2 Schalotten • 1 Knoblauchzehe • 4 EL Olivenöl •
200 g Risottoreis (Carnaroli, Vialone nano oder Aborio) • Salz •
schwarzer Pfeffer aus der Mühle • 100 ml Weißwein •
600 ml Gemüsebrühe • 60 g Parmesan • 50 g Butter

für 4 Fußballfans

Spielregeln Schalotten und Knoblauchzehe abziehen und in kleine Würfel schneiden. Olivenöl erhitzen und beides darin anschwitzen. Risottoreis dazugeben, mit Salz und Pfeffer würzen und anschwitzen, bis er glasig ist.

Das Ganze mit Weißwein ablöschen und unter Rühren reduzieren. Mit der heißen Brühe auffüllen, sodass der Reis mit Flüssigkeit bedeckt ist, und bei geringer Hitze garen. Dabei immer wieder mit der Brühe auffüllen und rühren. Je mehr gerührt wird, desto cremiger wird das Risotto.

Wenn der Reis gar ist, den Parmesan und die Butter unterrühren. Mit Salz und Pfeffer abschmecken.

Auswechselspieler •

Kürbiskernrisotto

Zusätzlich zum Basisrisotto 100 g Kürbiskerne • 2 EL Kürbiskernöl

Spielregeln wie bei der F-Jugend, zusätzlich jedoch 100 g geröstete Kürbiskerne beim Anschwitzen zugeben und statt der Butter 2 Esslöffel Kürbiskernöl am Schluss unterrühren.

Tomatenrisotto mit Pinienkernen

Zusätzlich zum Basisrisotto 1 EL Tomatenmark • 200 ml Tomatensaft
100 g geröstete Pinienkerne • 125 g Kirschtomaten

Spielregeln wie bei der F-Jugend, zusätzlich jedoch 1 Esslöffel Tomatenmark mit anschwitzen und nur 400 ml Gemüsebrühe und 200 ml Tomatensaft zum Auffüllen verwenden. Am Ende noch 100 g geröstete Pinienkerne und geviertelte Kirschtomaten darüber streuen.

Reis mit Fleiß

Ralf hat mir erklärt, Risotto sei wie ein kleines Kind: Man müsse ständig drauf aufpassen, in dem Fall heißt das: rühren, rühren, rühren. Also das dauert mir etwas zu lange. Da bleibe ich doch lieber bei meinen Pastagerichten. Und ganz ehrlich, die esse ich auch viel lieber – auch wenn Reis noch so gesund ist und entschlackend wirkt. Ich mag ihn nur als Beilage zu asiatischen Gerichten, da gehört er ja obligatorisch dazu. Obwohl, wenn ich mir das Rezept jetzt mal so durchlese, hört es sich ja ganz lecker an. Und wenn Ralf das zubereitet, kann ich es ja mal probieren. Bei ihm schmeckt`s bestimmt.

Gurkenspiel mit Garnelenballacks

Kaltes Gurkensüppchen mit Garnelenbällchen

10 Garnelen (ohne Kopf) • Salz • schwarzer Pfeffer aus der Mühle • Mehl zum Panieren • 2 Eier • Paniermehl zum Panieren • 2–3 Schlangengurken • 250 g Buttermilch • 50 g Crème fraîche • 1 unbehandelte Zitrone • Zucker • 2 Zweige Estragon • Öl zum Frittieren

für 4 Fußballfans

Spielregeln Garnelen von der Schale lösen, mit einem kleinen Messer an der langen, runden Seite etwas einschneiden und den meist schwarz aussehenden Darm entfernen. Garnelen in kleine Würfel schneiden und in einer Schüssel mit Salz und Pfeffer würzen.

Garnelenmasse zu kleinen, etwa 3 cm großen Bällen formen. Zuerst in Mehl, dann in den verquirlten Eiern und anschließend im Paniermehl wälzen. Unabgedeckt in den Kühlschrank stellen.

Gurken waschen, in grobe Stücke schneiden und zusammen mit Buttermilch und Crème fraîche im Mixer pürieren. Zitronenschale dazureiben und den Saft dazupressen. Mit Salz, Pfeffer und Zucker abschmecken. Estragon waschen, trockentupfen, die Blättchen abzupfen und unterrühren. Die Suppe für 3 Stunden in den Kühlschrank stellen.

Vor dem Servieren Öl in einer Fritteuse oder einem Topf auf etwa 160 °C erhitzen und die Garnelenbällchen darin goldgelb backen. Die Suppe in tiefen Tellern anrichten und die gebackenen „Bälle" in die Suppe geben.

Tipp Wer nicht frittieren will, kann die Bälle auch in einer Pfanne braten. Dann werden sie jedoch nicht so rund.

Chao, die Löwenbulette

Kräuterfrikadellen in Currysauce

1 große Gemüsezwiebel • 75 g Cashewkerne • 250 g Rinderhackfleisch • 1 EL gehackte Blattpetersilie • 1 EL fein gehacktes Basilikum • 1 EL Sweet-Chilisauce • 1 Ei • 2 EL Paniermehl • Salz • schwarzer Pfeffer aus der Mühle • 2 EL Pflanzenöl • 1–2 TL Currypulver • 60 ml Instant-Brühe • 150 ml Weißwein • 2 EL Crème fraîche • 1 Bund Frühlingszwiebeln • etwas Zitronensaft • 1 Prise Zucker • 1 EL gehacktes Koriandergrün

für 4 Fußballfans

Spielregeln Zwiebel abziehen und fein würfeln. Cashewkerne fein hacken und zusammen mit Hackfleisch, Petersilie, Basilikum, Sweet-Chilisauce, Ei, Paniermehl und Zwiebelwürfeln zu einem glatten Teig verkneten. Mit Salz und Pfeffer würzen und acht kleine Frikadellen daraus formen.

Frikadellen im heißen Öl von allen Seiten braun anbraten, dann bei mittlerer Hitze 15 Minuten weiterbraten, dabei gelegentlich wenden. Aus der Pfanne nehmen und auf Küchenpapier entfetten.

Currypulver im Bratfett kurz anschwitzen, dann mit Brühe, Weißwein und Crème fraîche ablöschen. Die Sauce bei starker Hitze cremig einkochen lassen.

Frühlingszwiebeln waschen, in dünne Ringe schneiden und in die Sauce geben. Das Ganze mit Zitronensaft, Salz , Pfeffer und 1 Prise Zucker würzen. Koriandergrün in die Sauce geben. Zusammen mit den Frikadellen servieren.

Tipp Zu diesem Gericht passt Reis sehr gut.

Viva Mexiko • Chiliburger mit Weizentortillas

3 Zwiebeln • 2 Knoblauchzehen • 2–4 Chilischoten •
2 EL Olivenöl • 1/2 Bund frischer Koriander •
600 g Rinderhackfleisch (nicht zu fein gemahlen) •
1 EL Tomatenketchup • 2 TL gemahlener Kreuzkümmel •
Salz • schwarzer Pfeffer aus der Mühle •
4 Weizentortillas (aus dem Supermarkt) • 2 Tomaten •
8–12 Romanasalatblätter

für 4 Fußballfans

Spielregeln Zwiebeln und Knoblauch abziehen. Zwei Zwiebeln in Ringe schneiden und beiseite stellen. Restliche Zwiebel und Knoblauch würfeln. Chilischoten waschen, halbieren, entkernen und klein schneiden. Alles im heißen Olivenöl etwa 3 Minuten dünsten und abkühlen lassen.

Koriander waschen, trockenschleudern und klein schneiden. Hackfleisch, Zwiebelmischung, Ketchup, Kreuzkümmel, Koriander, Salz und schwarzen Pfeffer in einer Schüssel gut vermengen. Nun eine kleine Bratprobe braten und falls nötig nochmals abschmecken, danach von der Masse vier Burger formen.

Eine Grillpfanne (wer keine hat, nimmt eine normale) leicht einölen und die Burger darin braten, dabei einmal wenden. Medium gebratene Burger brauchen etwa 5 Minuten auf beiden Seiten, gut durchgebratene etwa 8 bis 10 Minuten.

Inzwischen Tortillas laut Packungsanweisung im Ofen aufbacken. Tomaten waschen, vom Strunk befreien und in Scheiben schneiden. Tortillas mit Salat, Tomaten, Zwiebelringen und Fleisch füllen und schnell servieren.

Premiere

Nach nur zwei Bundesligaspielen bin ich in die Nationalmannschaft berufen worden. Dieter Hoeneß rief mich am frühen Morgen an und teilte mir die frohe Botschaft mit. Ich konnte es erst gar nicht glauben und war total davon überrascht. Natürlich habe ich mich wahnsinnig darüber gefreut! Rudi Völler war damals Bundestrainer und für diese Chance bin ich ihm natürlich auch sehr dankbar. Schließlich finde ich es nicht selbstverständlich, jemandem mit so wenig Bundesliga-Erfahrung eine solche Chance zu geben. Mein erstes Länderspiel fand in Sofia gegen Bulgarien statt. Wie es ausging, weiß ich noch genau: 2:2 für uns ;-).

Spiel mit drei Spitzen • Dreierlei Kartoffelsuppe

3–4 Zweige frischer Majoran •
400 g vorwiegend festkochende Kartoffeln •
200 g Knollensellerie •
1 Gemüsezwiebel • 1 Knoblauchzehe • etwas Öl zum Anbraten •
Salz • weißer Pfeffer aus der Mühle • 50 ml Weißwein •
1 l Gemüse- oder Geflügelbrühe •
1 Lorbeerblatt • 3 Toastbrotscheiben •
80 g Butter • 100 g Schinkenwürfel • 50 g Tomatenmark •
100 g Sahne • 100 g Räucherlachs

für 4 Fußballfans

Spielregeln Majoran waschen, trockentupfen und die Blätter von den Stielen zupfen. Stiele aufheben. Kartoffeln und Sellerie schälen und in haselnussgroße Stücke schneiden. Zwiebel abziehen und in grobe Stücke schneiden. Knoblauch abziehen und hacken. Öl in einem Topf erhitzen und alles darin anschwitzen. Mit Salz und Pfeffer würzen und mit Weißwein ablöschen.

Das Ganze reduzieren lassen und mit Brühe auffüllen. Lorbeer und Majoranstiele hinzugeben und die Suppe etwa 20 Minuten bei kleiner Hitze fertig garen. Anschließend Lorbeerblatt und Majoranstiele entfernen.

Inzwischen Toastbrot würfeln. 50 g Butter in einer Pfanne erhitzen und die Würfel goldbraun braten, auf Küchenpapier entfetten.

Öl in einem Topf erhitzen und Schinkenwürfel darin anbraten. Tomatenmark zugeben und mit einem Drittel der Suppe auffüllen.

Ein weiteres Drittel der Suppe mit der restlichen Butter und der Sahne aufkochen, mit Salz und Pfeffer würzen und mit einem Pürierstab pürieren.

Räucherlachs in kleine Stücke schneiden. In das letzte Drittel Suppe Lachsstücke und Majoranblätter hineingeben. Kurz vor dem Servieren die Croûtons in die Suppe geben.

Black and white

Gutes und weniger Gutes liegen oft ganz nahe beieinander: Gut war, dass sich die Nationalmannschaft 2004 für die EM in Portugal qualifiziert hatte. Ebenso gut war, ich durfte dort spielen und superschöne Erfahrungen mit nach Hause nehmen, nicht zuletzt, weil dies mein erstes großes internationales Turnier war. Das Aus nach der Vorrunde war natürlich weniger schön. Alles in allem passte diese verpatzte EM zur gesamten Saison 2004, die insgesamt besser hätte laufen können.

Pokalverdächtig •

Zanderfilet auf Ragout von Olivengnocchis und Kirschtomaten

100 g Parmesan am Stück • 200 g Frischkäse (40 %) • 5 EL Olivenöl • 100 g schwarze Olivenpaste • 4 EL Mehl • 3 EL Grieß • 2 Eigelbe • Salz • weißer Pfeffer aus der Mühle • 1 Schalotte • 2 Knoblauchzehen • 300 g Kirschtomaten • 1 TL Honig • 1 Zweig Rosmarin • 1 Zweig Thymian • 4 Zanderfilets (à 160 g) • 1 EL weißer Balsamico-Essig

für 4 Fußballfans

Spielregeln Parmesan reiben. Frischkäse zusammen mit 2 Esslöffeln Olivenöl, Olivenpaste, 3 Esslöffeln Mehl, Grieß, Eigelben, und zwei Dritteln des geriebenen Parmesans in eine Schüssel geben und das Ganze gut vermengen. Mit Salz und Pfeffer würzen.

Leicht gesalzenes Wasser in einem Topf zum Kochen bringen. Aus der Frischkäsemasse olivengroße Kugeln formen und in das kochende Wasser geben. Anschließend in Eiswasser kurz abschrecken.

Schalotte abziehen und in feine Streifen schneiden. Knoblauch andrücken. Tomaten waschen und halbieren. 1 Esslöffel Olivenöl in einer Pfanne erhitzen und die Schalottenstreifen darin anbraten. Knoblauch, Honig, Rosmarin- und Thymianzweig sowie die Tomaten dazugeben, salzen und pfeffern. Das Ganze bei kleiner Hitze etwa 15 Minuten ziehen lassen. Anschließend die Frischkäsegnocchis, den restlichen Parmesan, Salz und Balsamico-Essig hinzugeben und nochmals bei kleiner Hitze ziehen lassen.

Inzwischen die Zanderfilets waschen, trockentupfen und eventuell noch vorhandene Gräten entfernen. Filets halbieren, mit Salz und Pfeffer würzen und auf der Hautseite mit Mehl bestäuben. Olivenöl in einer Pfanne erhitzen und die Fischfilets bei mittlerer Hitze mit der Hautseite nach unten anbraten. Wenn die Oberseite weiß wird, die Filets wenden und nochmals etwa 1 Minuten braten.

Die Kräuterzweige aus dem Tomatenragout entfernen. Ragout in tiefe Teller geben und den Fisch darauf anrichten.

Der wahre Löw •

Thunfisch mit Löwenzahn und Matschkartoffeln

1–2 Zweige Thymian • 6 EL kalt gepresstes Olivenöl extra • Schale von 1 unbehandelten Zitrone • Salz • weißer Pfeffer aus der Mühle • 4 Thunfischsteaks à 200 g • 100 g Löwenzahn • 600 g neue Kartoffeln • 2 Schalotten • 2 Knoblauchzehen • Cayennepfeffer

für 4 Fußballfans

Spielregeln Thymian waschen, trockentupfen, entstielen und hacken. Zusammen mit 2 Esslöffeln Olivenöl und Zitronenschale verrühren. Mit Salz und Pfeffer würzen, die Thunfischsteaks damit bestreichen und etwas marinieren lassen.

Löwenzahn waschen, trockenschleudern, von dicken Stielen befreien und grob zupfen. Kartoffeln in leicht gesalzenem Wasser 12 bis 15 Minuten kochen, bis sie gerade weich sind, und abschütten. Schalotten und Knoblauch abziehen und in feine Würfel schneiden.

Restliches Öl in einer kleinen Pfanne erhitzen und den Knoblauch darin dünsten. Schalottenwürfel dazugeben und ebenfalls mitdünsten. Kartoffeln pellen und im Knoblauchöl grob zerstampfen. Mit Cayennepfeffer und Salz abschmecken. Zur Seite stellen.

Nun die marinierten Thunfischsteaks am besten in einer heißen Grillpfanne etwa 20 Sekunden von jeder Seite braten. Der Thunfisch sollte in der Mitte noch roh sein, so schmeckt er am besten. Wer das nicht will, einfach länger braten. Den Löwenzahn unter die Kartoffelmasse heben, den Thunfisch auf die Matschkartoffeln setzen und alles zusammen servieren.

Eine harte Bandage •

Hähnchenbrust mit Camembert im Parmaschinkenmantel

4 Hähnchenbrustfilets à 150 g • Salz • weißer Pfeffer aus der Mühle • 125 g Camembert • 4 getrocknete Tomatenstücke • 8 Scheiben Parmaschinken (ca. 100 g) • 2 EL Olivenöl • 1 Dose Mais (318 ml) • 50 g Kräuterbutter • 3 Spritzer Tabasco

für 4 Fußballfans

Spielregeln Backofen auf 190 °C (Gas Stufe 3, Heißluft 170 °C) vorheizen. Hähnchenbrustfilets waschen, trockentupfen und seitlich tief einschneiden, sodass eine kleine Tasche entsteht. Jede Tasche mit Salz und Pfeffer würzen. Mit einem Stück Käse und einer getrockneten Tomate füllen und jeweils mit zwei Scheiben Parmaschinken einwickeln, dabei darauf achten, dass die Schnittstelle gut geschlossen ist.

Filets auf ein mit Alufolie belegtes Backblech legen, mit Olivenöl beträufeln und im heißen Ofen 18 bis 20 Minuten backen, bis der Schinken leicht gebräunt und das Hähnchenfleisch gar ist.

In der Zwischenzeit den Mais auf einem Sieb abtropfen lassen. Die Kräuterbutter in einer Pfanne erhitzen, den Mais darin anbraten und mit Salz und Tabasco abschmecken. Den Mais zusammen mit den Hähnchenfilets auf Tellern anrichten und eventuell mit Reis servieren.

Ausnahme-Talent

Das Foto-Shooting für dieses Buch auf unserem Berliner Trainingsgelände hat enormen Spaß gemacht. Wir hoffen, ein wenig kommt davon auch auf den Bildern rüber. Ralf hat wirklich Talent zum Fußballspielen. Aber Ralf, das wird dich trösten, mit Mitte 30 ist die aktive Spielerkarriere meistens schon zu Ende. Anders bei den Köchen, die bekommen ihre Sterne, wenn überhaupt, oftmals erst ab 30 verliehen. Eines haben wir beide gemeinsam: Wir sind beide von der schnellen Truppe. Ralf war seinerseits der jüngste Sternekoch Deutschlands und ich habe bereits nach zwei Bundesligaspielen den Sprung in die Nationalelf geschafft. Na, wenn das nicht passt.

Trainingstasche Forza Italia •

Pikant gefüllte Blätterteigtaschen

400 g Sardinen (in Öl eingelegt) • 2 EL Honig •
200 ml trockener Rotwein • 1/2 unbehandelte Zitrone •
4 reife Feigen • Salz • schwarzer Pfeffer aus der Mühle •
4 TK-Blätterteigplatten (à 100 g) • 1 Eigelb

für 4 Fußballfans

Spielregeln Sardinen aus der Dose nehmen, mit einem Küchenpapier gut abfetten und vierteln. Honig in einen Topf geben und bei mittlerer Hitze langsam erwärmen. Mit Rotwein ablöschen und langsam einkochen lassen, bis das Ganze eine sämige Konsistenz hat. Abkühlen lassen.

Inzwischen Zitronenschale abreiben und den Saft auspressen. Feigen schälen und vierteln. Zusammen mit den Sardinen in eine Schüssel geben und die Honig-Wein-Masse langsam nach und nach dazugeben. Sobald alles von Masse umschlossen ist, dezent mit Salz, Pfeffer, Zitronenschale und -saft abschmecken.

Backofen auf 230 °C (Gas Stufe 5, Heißluft 210 °C) vorheizen. Blätterteig auf der Arbeitsfläche ausbreiten und nach Packungsanleitung auftauen lassen. Die Füllung mit einem Teelöffel jeweils in die Mitte der Blätterteigplatten geben. Eigelb verquirlen und den Blätterteigrand damit bestreichen. Die Ecken diagonal einklappen.

Die Oberseite der Taschen mit Eigelb bestreichen und das Ganze etwa 11 Minuten im heißen Ofen backen. Noch heiß servieren.

Heimspiel

Berlin ist eine faszinierende Stadt mit vielen Sehenswürdigkeiten, einem großen Freizeit- und Unterhaltungsprogramm sowie vielen Seen und Grünanlagen. Seitdem ich von zu Hause ausgezogen bin und in Berlin eine neue Heimat gefunden habe, fühle ich mich hier pudelwohl. Mein Lieblingsplatz ist, wie könnte es anders sein, das Olympiastadion, wo auch das Endspiel der Weltmeisterschaft stattfindet. Mein größter Wunsch ist es natürlich, als aktiver Spieler dabei zu sein.

Chili con Kahn • Geflügelchili mit Aprikose

1 Gemüsezwiebel • 1 Knoblauchzehe • 2 Aprikosen • 2–3 Chilischoten • 1 Dose Kidneybohnen (425 ml) • 2 EL Olivenöl • 400 g Geflügelhackfleisch • 6 Zweige Zitronenthymian • 1 EL Tomatenmark • 1 kleine Dose geschälte Tomaten (425 ml) • 1 EL Honig • Salz • schwarzer Pfeffer aus der Mühle

für 4 Fußballfans

Spielregeln Zwiebel und Knoblauch abziehen und in feine Würfel schneiden. Aprikosen waschen, halbieren, entkernen und in kleine Würfel schneiden. Chilischoten waschen, entkernen und klein schneiden. Bohnen in ein Sieb geben, waschen und abtropfen lassen.

Olivenöl in einer Pfanne erhitzen und das Geflügelfleisch darin gut anbraten. Zwiebeln, Knoblauch, Chili und Thymian dazugeben und mitbraten. Tomatenmark, Bohnen und Tomaten hinzufügen und alles 15 bis 20 Minuten bei kleiner Hitze weiter garen.

Aprikosenwürfel zugeben und das Ganze mit Honig, Salz und Pfeffer abschmecken. Das Chili etwa 5 Minuten ziehen lassen.

Tipp Das Chili schmeckt am besten, wenn es einen Tag vorher zubereitet wird und über Nacht durchzieht.

Pizzaro • Pizza mit hausgemachter Tomatensauce

Für die Pizzarosauce 500 g vollreife Tomaten • 2 Zwiebeln • 3 Knoblauchzehen • 3–5 rote Peperoni • 5 EL Olivenöl • Salz • 1 EL Zucker • schwarzer Pfeffer aus der Mühle

Für den Pizzaroteig 350 g Mehl • 1 TL Salz • 1 TL getrockneter Oregano • 2 1/2 TL Trockenhefe • 1 EL Olivenöl

Für den Belag Da möchte ich nicht reinreden.

für 4 Fußballfans

Spielregeln **Für die Pizzarosauce** Tomaten vom Strunk befreien und auf ein Backblech legen. Etwa 12 Minuten unter dem vorgeheizten Grill rösten, dabei zweimal wenden. Die Haut darf leicht verkohlt sein.

Inzwischen Zwiebeln und Knoblauch abziehen und achteln. Peperoni halbieren und entkernen. Fertige Tomaten vom Blech nehmen und Zwiebeln, Knoblauch und Peperoni auf diesem verteilen. Mit Olivenöl beträufeln, kräftig würzen und etwa 10 Minuten im Backofen rösten.

Tomaten sowie die Gemüse-Mischung grob hacken, in einen Topf geben und bei mittlerer Hitze etwa 15 Minuten köcheln, bis die Sauce eingedickt ist. Mixen und abschmecken.

Für den Pizzaroteig Mehl sieben und zusammen mit Salz, Oregano und Hefe in eine Rührschüssel geben. Eine Mulde in die Mitte drücken, Öl und etwa 250 ml lauwarmes Wasser hineingeben. Mit einer Küchenmaschine zu einem homogenen Teig verarbeiten und auf einer bemehlten Arbeitsplatte so lange kneten, bis er glänzt. Teig einölen, in eine Schüssel geben, abdecken und an einem warmen Platz 1 Stunde gehen lassen.

Backofen auf 240 °C (Gas Stufe 5–6, Heißluft 220 °C) vorheizen. Teig nochmals durchkneten, ausrollen und auf ein gefettetes Blech legen.

Tomatensauce darauf verteilen und mit den Zutaten Ihrer Wahl belegen. Pizza im heißen Ofen 12 bis 14 Minuten backen.

Friends

In meiner ostwestfälischen Heimat habe ich meine Wurzeln, sprich mein Elternhaus und „alte" Freunde, die ich immer wieder gerne besuche – sofern es meine Zeit erlaubt. Meistens ist die Zeit viel zu kurz, um alle Besuche zu machen, die ich mir so vornehme. Aber natürlich sind für mich gute Freunde und Menschen, die in guten wie schlechten Zeiten zu mir halten, superwichtig!

Meinen Urlaub verbringe ich am liebsten am Strand. Wenn dazu die Sonne scheint, kann kaum noch was schief gehen.

Patricks Steak mit Owo-Moyela Verde •

Filetsteaks mit Salsa Verde

Für die Steaks 500 g festkochende Kartoffeln • 100 ml Olivenöl • Salz • 2 Zweige Rosmarin • 4 Filetsteaks à 180 g, je etwa 5 cm dick • grober schwarzer Pfeffer aus der Mühle

Für die Salsa 1 Bund Blattpetersilie • 1 Knoblauchzehe • 1 Gewürzgurke • 1 TL Kapern • 4 Sardellenfilets • 200 ml kalt gepresstes Olivenöl • Saft von 1/2 Zitrone • Salz • schwarzer Pfeffer aus der Mühle

für 4 Fußballfans

Spielregeln **Für die Steaks** Kartoffeln waschen, ungeschält nicht ganz gar kochen und auskühlen lassen.

Backofen auf 200 °C (Gas Stufe 3, Heißluft 180 °C) vorheizen. Kartoffeln halbieren, im Olivenöl wenden und mit Salz und Rosmarin würzen. Mit der Schnittfläche nach oben auf ein Backblech setzen und im heißen Ofen goldbraun grillen.

Inzwischen jedes Steak aufrollen und mit Küchengarn fixieren. Mit Öl einreiben und die Kopfseiten in schwarzen Pfeffer drücken. Steaks von allen Seiten angrillen, damit sich die Poren verschließen und je nach gewünschtem Gargrad 4 bis 8 Minuten grillen. Anschließend 5 Minuten ruhen lassen, das Küchengarn entfernen und salzen. Zusammen mit der Salsa und den Kartoffeln servieren.

Für die Salsa Petersilie waschen, trockentupfen und entstielen. Knoblauch abziehen und zerdrücken. Gewürzgurke in kleine Stücke schneiden. Alles zusammen mit Kapern und Sardellenfilets in einem Mixer zu einer homogenen Masse verarbeiten und das Olivenöl nach und nach dazugeben. Das Ganze mit Zitronensaft, Salz und Pfeffer abschmecken und kühl stellen.

Tipp Wer die Salsa lieber etwas „leichter" möchte, nimmt anstelle der 200 ml Olivenöl nur die Hälfte und zusätzlich 100 g Joghurt.

Exotisch

Ein großer Wunsch von mir ist es, auch bei der WM 2010 in Südafrika dabei sein zu können. Seit ich dort einen Werbespot gedreht habe, möchte ich das Land unbedingt noch einmal besuchen. Obwohl wir nicht viel Zeit hatten, hat mich das Land vollkommen fasziniert. Schade, dass sich Südafrika nicht für die WM in Deutschland qualifiziert hat.

Ansonsten verbringe ich meinen Urlaub oft, wie könnte es anders sein, in Italien. Nach dem Confed-Cup war ich eine gute Woche auf Sardinien. Und wie es der Zufall so will, habe ich Johannes B. Kerner dort getroffen. Bei ihm in seiner Sendung ist Ralf regelmäßig Gast und kocht mit anderen Spitzenköchen leckere Menüs. Klein ist die Welt!

Hinkels Leibgericht • Kaas-Tomaten-Spätzle

500 g Spätzle • 4 Zwiebeln • 1 Bund Schnittlauch • 2 Zweige Thymian • 4 Tomaten (im Winter Dosentomaten verwenden) • Butter für die Form • Salz • schwarzer Pfeffer aus der Mühle • 250 g geriebener Edamer • gemahlene Muskatnuss • 200 g Sahne • 150 g Butter • 2 Knoblauchzehen

für 4 Fußballfans

Spielregeln Spätzle laut Packungsanweisung kochen und abschrecken.

Währenddessen die Zwiebeln abziehen und in Ringe schneiden. Schnittlauch waschen, trockenschütteln und in kleine Röllchen schneiden. Thymian waschen, trockentupfen und die Blättchen von den Stielen zupfen. Die Tomaten waschen, Strunk entfernen und in Scheiben schneiden.

Backofen auf 180 °C (Gas Stufe 2–3, Heißluft 160 °C) vorheizen. Eine Auflaufform mit Butter ausfetten. Den Boden mit Tomatenscheiben belegen und diese mit Salz und Pfeffer würzen. Spätzle und Käse schichtweise in die Form geben, dabei jede Spätzleschicht mit Salz und Muskat würzen. Käse sollte den Abschluss bilden.

Das Ganze nun mit der Sahne auffüllen und im heißen Backofen etwa 30 Minuten goldbraun backen.

Inzwischen Butter in einem Topf erhitzen Zwiebelwürfel zugeben und andünsten. Knoblauchzehen abziehen, etwas zerdrücken und zusammen mit Thymian und etwas Salz so lange rösten, bis die Zwiebeln goldbraun sind. Knoblauch entfernen.

Die fertigen Spätzle aus dem Ofen nehmen und die Zwiebelmischung darauf verteilen. Mit den Schnittlauchröllchen bestreuen.

Tipp Dazu passt eine große Schüssel Salat. Dieser macht das Gericht etwas „leichter".

3
ARCOR

Halbzeit

Ich habe fertig!

Und das in 15 Minuten. Mit diesen Rezepten wird es Ihnen gelingen, zur zweiten Halbzeit einen leckeren Snack zu servieren.

Sollten Sie in Sachen „Kochen“ noch nicht so geübt sein, bereiten Sie die Köstlichkeiten vor dem Spielanpfiff schon ein wenig vor. Schnippeln Sie das Gemüse klein und stellen die anderen Zutaten griffbereit hin.

So kann es mit dem Abpfiff zur Halbzeit sofort losgehen und die lästige Werbepause wird sinnvoll genutzt.

Bastürk-Schnitte • Fladenbrot mit Chorizo-Tomaten-Salat

3 Fleischtomaten • 1 gelbe Paprika • 2 Schalotten • 1 EL Minze • 150 g Chorizo • Saft von 1/2 Limette • 4 EL Olivenöl • Salz • schwarzer Pfeffer aus der Mühle • Cayennepfeffer • 1 Fladenbrot

für 4 Fußballfans

Spielregeln Tomaten und Paprika waschen, Strunk entfernen, entkernen und in sehr feine Würfel schneiden. Schalotten abziehen und würfeln. Minze waschen, trockentupfen und in feine Streifen schneiden. Wurst fein würfeln und alles zusammen mit Limettensaft und Olivenöl anmachen. Mit Salz, Pfeffer und Cayennepfeffer würzen.

Das Fladenbrot quer halbieren und in einer Pfanne gut anrösten, achteln und den Salat darauf geben.

La-Ola-Schnitte •

Käsesandwich mit Erdnussbutter und Marmelade

8 Scheiben Vollkorntoast • 4 TL Erdnussbutter, salzig • 4 Scheiben Chesterkäse • 4 TL Erdbeermarmelade

für 2 Fußballfans

Spielregeln Toastscheiben toasten. Vier Scheiben mit Erdnussbutter bestreichen. Käsescheiben darauf legen und mit Marmelade bestreichen. Die restlichen Toastscheiben darauf geben.

Die Sandwichs diagonal in Dreiecke schneiden und servieren.

Zu Gast bei Freunden

Unsere Nachbarn: die Niederlande. Kulinarisch fällt uns dazu schnell Käse ein. Aber dieses doch relativ kleine Land hat noch mehr vorzuweisen, nämlich den Fußball. Länderspiele gegen die Niederlande haben seit jeher ihren ureigenen Reiz! Nicht zu vergessen sind die Spiele gegen Brasilien. Jeder Junge, der Fußball mag, hat sicher auch brasilianische Vorbilder. Wir haben losgelöst von fußballerischen Begegnungen ein paar kulinarische Erlebnisse in dieses Buch gebracht, so wie dieses schon fast internationale Fladenbrot, belegt mit einer Salami aus Spanien. Und das Beste: Sie können das natürlich auch bei Deutschlandspielen genießen!

Voll in Vaart • Gebackene Kaas-Knöpfle

Pflanzenöl zum Frittieren • 2 Eier • 250 g Leerdamer (ersatzweise auch Gouda, Appenzeller oder Ziegenkäse) • 100 g Mehl • 150 g Paniermehl • 1 Päckchen Mixsalat (aus dem Kühlregal) • 1 Päckchen Joghurtdressing (aus dem Kühlregal)

für 4 Fußballfans

Spielregeln Öl in einer Fritteuse oder einem Topf auf 180 °C erhitzen. Eier mit einer Gabel verquirlen. Käse in mundgerechte Stücke schneiden und anschließend Stück für Stück im Mehl wälzen, danach durch das Ei ziehen und dann mit den Bröseln panieren. Diesen Vorgang nochmal ohne Mehl wiederholen.

Käsewürfel im heißen Fett goldbraun backen, kurz auf Küchenpapier entfetten. Salat mit dem Joghurtdressing vermischen und zusammen mit den Käsewürfeln servieren.

Tipp Den Käse oder die Panade kann man vor dem Panieren nach eigenem Geschmack aufpeppen.

Zum Beispiel Mozzarella mit geräuchertem Schinken umwickeln und dann panieren.

Eine weitere Möglichkeit ist: Ziegenkäse in Pesto marinieren und anschließend in der Panade wälzen.

Dem Paniermehl können auch gehackte Kräuter wie Thymian oder Rosmarin beigefügt werden.

Eggball • Weltmeister-Omelette

2 Zwiebeln • 1 Knoblauchzehe • 1 rote Paprika •
100 g geräucherter Bauchspeck in Scheiben • 4 Eier •
100 g Chesterkäse • 3 EL Olivenöl • Salz •
schwarzer Pfeffer aus der Mühle •
20 g Butter • 1 EL gehackte Petersilie

für 2 Fußballfans

Spielregeln Zwiebeln und Knoblauch abziehen. Zwiebeln in dünne Ringe, Knoblauch in dünne Scheiben schneiden. Paprika waschen, halbieren, entkernen und in Streifen schneiden. Speck ebenfalls in Streifen schneiden.

Eier in eine Schüssel schlagen und verrühren. Chesterkäse in dünne Streifen schneiden. Olivenöl in einer beschichteten Pfanne erhitzen. Zwiebelwürfel darin goldgelb anbraten. Speck, Paprika und Knoblauch dazugeben, das Ganze salzen und kräftig pfeffern und 2 bis 3 Minuten weiterbraten.

Butter zugeben und etwas später die Eier. Das Ganze drei- bis viermal mit einem Holzlöffel umrühren und bei mittlerer Hitze stocken lassen.

Kurz bevor die Eiermasse fest ist, Chesterkäse und Petersilie darauf streuen. Das Omlette zusammenklappen und servieren.

Tipp Das Omelett schmeckt am besten mit getoastetem Bauernbrot und Kräuterquark.

Bekannte Größe

Eigentlich wollte Ralf ja dieses Gericht Oliver Kahn widmen. Von unserem Nationaltorhüter hat mit Sicherheit jeder schon gehört oder gelesen, selbst diejenigen, die in Sachen Fußball absolut unbedarft sind. Kahn gilt weltweit als einer der Besten seines Fachs. Auch wenn vor der WM einige Torhüterdiskussionen entfacht wurden: Wir halten uns da raus!

Bami Kuranyi • Schneller Nudelsnack

400 g Brokkoli • 2 EL frischer Ingwer • 2 Karotten •
2 EL Pflanzenöl • Salz • schwarzer Pfeffer aus der Mühle •
200 ml Kokosmilch • 200 g Tofu •
3 Packungen Asia Nudelsnack
(Sorte je nach Geschmack, aus dem Supermarkt)

für 4 Fußballfans

Spielregeln Brokkoli waschen, putzen und in mundgerechte Stücke schneiden. Ingwer und Karotten schälen und klein schneiden. Alles in einen mittelgroßen Topf in etwas Öl anschwitzen, mit Salz und Pfeffer würzen. Mit der laut Packungsangabe benötigten Menge Flüssigkeit (Kokosmilch und Wasser) auffüllen und das Ganze zum Kochen bringen.

Inzwischen den Tofu klein schneiden. Wenn das Wasser kocht, Nudeln, Gewürzmischung und Tofu hinzufügen. Den Nudelsnack noch 3 bis 4 Minuten ziehen lassen.

Tipp Wer es gerne etwas deftiger haben möchte, kann noch etwas Fleisch mit anbraten. Auch bei der Wahl des Gemüses sind Ihnen keine Grenzen gesetzt. Hier entscheidet der Geschmack. Schauen Sie doch mal in Ihrem Gemüsefach im Kühlschrank nach.

Multi-Kulti

Kevin Kuranyi ist seit der Saison 2005/2006 ein „Schalker". Seine Nationalität ist eigentlich schon fast ein Fall für Günter Jauchs „Wer wird Millionär". Schließlich ist es eine nicht alltägliche Kombination, die unser Nationalstürmer aufzuweisen hat: Geboren ist er in Rio de Janeiro, seine Mutter stammt aus Panama und sein Vater aus Deutschland. Hier landete er dann als Jugendlicher und durchwanderte sämtliche Jugendmannschaften des VfB Stuttgart. So hätte er auch international für die Ländermannschaften von Brasilien oder Panama antreten können. Doch glücklicherweise spielt Kevin in der deutschen Nationalmannschaft.

Appetitos Rehakles

Crostini mit gegrillten Salaten und Schafskäse (Feta)

1 Zwiebel • 1 Zucchini • 2 Tomaten • 1 gelbe Paprika • 100 ml Olivenöl • 1 Knoblauchzehe • Salz • 2 EL Zitronensaft • 1 TL Zucker • schwarzer Pfeffer aus der Mühle • Ciabattabrot • 150 g Feta

für 2 Fußballfans

Spielregeln Zwiebel abziehen und in grobe Stücke schneiden. Zucchini und Tomaten waschen, putzen und in etwa 1 cm dicke Scheiben schneiden. Paprika waschen, halbieren, Kerngehäuse und Trennwände entfernen und in grobe Stücke schneiden.

Olivenöl in einer Grillpfanne erhitzen. Geschälte, angedrückte Knoblauchzehe und das Gemüse zugeben und darin rösten. Das Gemüse sollte stark Farbe annehmen, salzen. Anschließend aus der Pfanne nehmen, Knoblauchzehe entfernen und das Gemüse grob hacken. Olivenöl und Zitronensaft unterrühren und mit Zucker und schwarzem Pfeffer würzen.

Backofen auf 190 °C Oberhitze (Gas Stufe 3, Heißluft 170 °C) vorheizen. Ciabattabrot in etwa 1,5 cm dicke Scheiben schneiden und mit der Gemüsemasse bestreichen. Feta klein würfeln und darüber verteilen. Die Crostinis im heißen Backofen etwa 5 Minuten gratinieren.

Tipp Wer schnell genug ist, kann das Brot vorher im Backofen oder in der Pfanne rösten.

Ronaldos Leibspeise •

Mango-Avocado-Salat zum Knuspern

1 reife Avocado • 1 reife Mango • 1 unbehandelte Limette •
2 EL Olivenöl • Salz • 2–4 Spritzer Tabasco •
10–15 Wan-Tan-Blätter oder Frühlingsrollenteig • 1/2 Bund frische Minze

für 4 Fußballfans

Spielregeln Mit einem Sparschäler Avocado und Mango schälen, entkernen und in kleine Würfel schneiden. Limettenschale abreiben und den Saft auspressen. Alles zusammen mit Olivenöl in eine Schüssel geben und mit Salz und etwas Tabasco abschmecken. Zum Durchziehen eine Halbzeit lang abgedeckt in den Kühlschrank stellen.

In der Halbzeitpause Backofen auf 180 °C (Gas Stufe 2–3, Heißluft 160 °C) vorheizen. Die Wan-Tan-Blätter im heißen Backofen 6 bis 8 Minuten knusprig backen. Minze waschen, trockentupfen, in sehr feine Streifen schneiden und unter die Früchte heben. Gegebenfalls nochmals würzen.

Die fertigen Wan-Tan-Blätter in einen Brotkorb legen, Salat dazu servieren. Zum Essen die Blätter in mundgerechte Stücke brechen und jeweils etwas Salat darauf geben. Ein herrliches Fingerfood!

Tipp Wer keinen Salat mag, kann die Wan-Tan-Blätter auch als Chips-Ersatz verwenden. Diese aber vor dem Backen mit Eiweiß bestreichen und mit Curry und Sesam würzen.

Verkehrte Welt

Längst ist Fußball keine Welt mehr, in der Männer gut ohne Frauen auskommen, und Schilder aufhängen auf denen „Betreten verboten" steht. Gerade die weiblichen Fans sind auf meiner Webseite die Treuesten. Und auch beim Training schauen viele Mädels immer wieder zu, ganz zu schweigen von den Stadionbesuchen. Vielleicht ist es langsam auch ein bisschen so, dass Frauen ebenso den Fußball entdeckt haben wie Männer die Küche. Schließlich gibt es ja auch eine große Zuwachsrate bei den Hobbyköchen. Und mal ganz ehrlich: Die Frauen auf den Stadionrängen machen sich auf den Fotos doch unheimlich gut und bringen „Farbe ins Spiel".

Assauerzigarren • Roastbeef-Garnelen-Röllchen

1 reife Avocado • 1 Gemüsezwiebel • 1 Knoblauchzehe •
200 g geschälte Riesengarnelen (ohne Darm) • 100 g Rucola •
2 EL Olivenöl • Saft von 1 Zitrone • Salz •
weißer Pfeffer aus der Mühle •
400 g Roastbeefaufschnitt • einige Zahnstocher

für 4 Fußballfans

Spielregeln Avocado einmal rundum mit dem Messer einschneiden und vom Kern drehen. Von der Schale befreien und in kleine Stücke schneiden. Zwiebel und Knoblauch abziehen und klein würfeln. Garnelen ebenfalls in kleine Würfel schneiden. Rucola waschen, trockenschleudern und leicht hacken.

Garnelen, Zwiebel- und Knoblauchwürfel in heißem Olivenöl kurz anbraten und anschließend auf einem Küchenpapier entfetten. Alles in eine Schüssel geben, mit Avocadowürfeln und Rucola vermengen und mit Zitronensaft, Salz und Pfeffer würzen.

Roastbeefscheiben auf einer Arbeitsfläche ausbreiten. Garnelenmasse auf die ausgebreiteten Roastbeefscheiben geben und jeweils zu einer Rolle zusammenrollen. Mit Zahnstochern fixieren.

Tipp Dazu einfach frisches Baguette reichen. Mein Favorit sind ja Bratkartoffeln, denn dann überstehen Sie auch jede Verlängerung.

Brandgefährlich • Tagliollini mit Krabben und Cognac

400 g Tagliollini (dünne Bandnudeln) • Salz •
6 Zweige frischer Estragon • 8 Strauchtomaten • 2 EL Olivenöl •
3 EL Cognac • 6 EL Crème fraîche •
200 g gekochte, geschälte Krabben •
schwarzer Pfeffer aus der Mühle

für 4 Fußballfans

Spielregeln Nudeln laut Packungsanweisung in Salzwasser „al dente“ kochen. Abschütten, mit kaltem Wasser abspülen und gut abtropfen lassen.

Estragon waschen, trockentupfen, die Blätter von den Stielen zupfen und leicht anhacken.

Tomaten waschen, vierteln und vom Strunk befreien. Olivenöl in einer großen Pfanne erhitzen und die Tomaten darin 2 bis 3 Minuten bei mittlerer Hitze weich dünsten. Cognac dazugeben, die Hitze erhöhen und für weitere 2 bis 3 Minuten kochen lassen.

Crème fraîche, Krabben und Estragon unterrühren. Alles mit Salz und Pfeffer abschmecken und anschließend die Nudeln unter die Sauce ziehen. In tiefen Tellern anrichten.

Tipp Damit Sie auch nichts von der zweiten Halbzeit verpassen, das Nudelwasser einfach im Wasserkocher erhitzen und erst dann in den Topf geben. So sparen Sie Zeit.

Endspiel-Schaschlik •

Garnelen-Speck-Spieße mit Apfel-Basilikum-Salsa

Für die Salsa 1 Apfel (Granny Smith oder Royal Gala) • 1 TL Honig • Saft von 1 Zitrone • 1 EL Crème fraîche • 15 Blätter Basilikum

Für die Spieße 12 Riesengarnelen (ohne Kopf) • 6 Scheiben Frühstücksspeck • Salz • Pfeffer • 4 Holzspieße • Olivenöl zum Braten

für 4 Fußballfans

Spielregeln **Für die Salsa** den Apfel auf einer Reibe fein raspeln und mit Honig, Zitronensaft, Crème fraîche verrühren. Basilikum waschen, trockentupfen, klein zupfen und unter die Salsa rühren.

Für die Spieße Riesengarnelen von Schale und Darm befreien. Garnelen jeweils mit einer halben Scheibe Speck dünn umwickeln und auf die Spieße stecken.

Die Spieße mit Salz und Pfeffer würzen. Olivenöl in einer Pfanne erhitzen und die Spieße darin ca. 5 Minuten braten. Auf einem Küchenpapier entfetten und mit der Salsa servieren.

Trink-Fest

Als ich noch in Verl in der Regionalliga spielte, trafen wir bei der DFB-Pokalrunde auf Borussia Mönchengladbach (1. Bundesliga!). Ich dachte natürlich, da spiele ich nicht mit, weil ich ja die ersten beiden Spiele auch auf der Bank gesessen habe, und ging ein oder zwei Tage vor diesem Spiel zu einem Freund auf die Geburtstagparty und habe da gefeiert (und natürlich auch etwas getrunken). Dieses Spiel sollte abends in der Sportschau übertragen werden. Der Trainer kam zu mir und sagte, dass ich diesmal spielen soll. Ich habe sofort meine Familie angerufen und gesagt, sie sollen unbedingt die Sportschau ansehen.

Am Ende habe ich ein richtig gutes Spiel gemacht und den entscheidenden Elfmeter verwandelt und wir sind eine Runde weiter gekommen.

PERILS
P
1996
UNITED

Verlängerung

Süßes & Snackkram

Jetzt wird es so richtig spannend. Wenn es in die Verlängerung geht, sitzen alle wie gebannt am Fernseher. Spätestens beim Elfmeterschießen schaut auch der größte Fußballmuffel zu. Da braucht es richtig „Nervennahrung“.
Hier finden Sie genug davon. Einfach in der Zubereitung und groß im Geschmack – so ist jedes Gericht ein Volltreffer.

Heiße Bananenflanke • Bananenröllchen mit Eis

3 Zweige Rosmarin • 1 unbehandelte Zitrone •
3 Bananen • 4 Blätter Frühlingsrollenteig • 4 TL Nussnougatcreme •
1 Eiweiß • 400 g Vanille- oder Erdbeereis

für 4 Fußballfans

Spielregeln Rosmarin waschen, trockentupfen, die Nadeln von den Stielen zupfen und fein hacken. Zitronenschale abreiben und den Zitronensaft auspressen. Bananen schälen, längs vierteln, in Würfel schneiden und mit Zitronensaft, Zitronenschale und Rosmarin würzen.

Backofen auf 190 °C (Gas, Stufe 3, Heißluft 180 °C) vorheizen. Bananenmischung auf die vier Teigplatten verteilen. Dabei oben etwa 6 cm, unten und an den Seiten etwa 3 cm freilassen. Nussnougatcreme auf die Bananen geben. Die Ränder mit Eiweiß bestreichen, die Seiten einklappen, mit leichtem Druck zusammenrollen und zur Flanke formen.

Bananenflanken im heißen Backofen in etwa 6 Minuten knusprig backen. Zusammen mit dem Eis servieren.

Tipp Wer möchte, kann vor dem Backen die Oberseite der Flanken mit einem verquirlten Ei bestreichen und mit Mandelblättchen bestreuen.

Den Bogen raus

Was zeichnet eine Banane aus? Sie ist gelb und krumm. Obwohl es im Fußball gelbe Karten gibt, ist die Farbe bei einer Bananenflanke ziemlich nebensächlich. Wichtig ist dabei die Tatsache, dass die Banane nicht gerade, sondern eben gekrümmt ist. Bananenflanke bedeutet also, dass der Flankengeber den Ball so angeschnitten schießt, dass er in einer krummen Bahn fliegt und bestenfalls vor dem Kasten des Gegners landet. Für einen Torwart sind solche Hereingaben enorm schwer zu „berechnen".

Finale für die Eisbombe • Eisbombe

1 heller Tortenboden • 100 ml Kaffeelikör •
1200 g Speiseeis, gemischte Sorten (z. B. Schoko, Vanille, Erdbeer) •
8 Eiweiß • 200 g Puderzucker • 400 g Obst nach Saison

für etwa 6 Fußballfans

Spielregeln Tortenboden auf die Größe der gewünschten Form (z. B. Schüssel ca. 20 cm) der Eisbombe zuschneiden. Die Abschnitte in Würfel schneiden und mit dem Likör tränken.

Das Eis schichtweise in eine Form pressen (z. B. Schüssel), zwischen den einzelnen Schichten die getränkten Biskuitwürfel verteilen. Das Ganze für mindestens 1 Stunde gefrieren.

Das Eiweiß mit dem Handmixer steif schlagen und dabei nach und nach den Puderzucker unterschlagen.

Obst waschen, putzen, eventuell klein schneiden und nach Geschmack marinieren (siehe Tipp).

Das Eis aus der Form stürzen und auf den Biskuitboden setzen. Den Eischnee in einen Spritzbeutel geben und die Eiskuppel damit bedecken. Anschließend den Eischnee mit einen Bunsenbrenner abbrennen. Die marinierten Früchte dazu servieren.

Tipp Obst, das schnell braun wird, wie z. B. Bananen und Äpfel, werden mit etwas Zitronensaft mariniert. Reife Erdbeeren brauchen nicht mariniert zu werden. Unvollständig ausgereifte Beeren oder Johannisbeeren werden entsprechend ihrem Säureanteil nach Belieben mit Puderzucker mariniert. Dosenobst erhält z.B. durch Rum oder Amaretto eine besondere Note.

Bolzplatz mit Schuss •

Grüne Götterspeise mit Vanillesahne und Wodka

2 Packungen Götterspeise Waldmeistergeschmack •
100 ml Wodka • eine Hand voll rote Johannisbeeren •
200 g Sahne • 2 Päckchen Vanillezucker

für 4 Fußballfans

Spielregeln Götterspeise nach Anweisung des Herstellers zubereiten, jedoch 100 ml Wasser weniger verwenden. Wenn die Masse handwarm ist, Wodka dazugeben. Anschließend in eine große Auflaufform oder einen großen, viereckigen tiefen Teller gießen, in den Kühlschrank stellen und mindestens 2 Stunden durchkühlen lassen.

Johannisbeeren waschen. Sahne cremig, jedoch nicht ganz steif schlagen, dabei kurz vor Schluss den Vanillezucker dazugeben. Sahne in einen Spritzbeutel mit feiner Lochtülle geben und ein Spielfeld auf die grüne Götterspeise malen.

Restliche Sahne in eine Schüssel geben. Johannisbeeren als Spieler auf das Spielfeld stellen.

Tipps Sie können natürlich auch andere Obstsorten verwenden.
Sollten Kinder mitessen, tauschen Sie den Wodka durch Apfelsaft aus.

Für V.I.P.s hinterm Glas • Crispy Früchteglas mit Anis

3 Anissterne • 100 ml brauner Rum • 100 ml Bananensaft • 200 g frische Ananas (ersatzweise Ananas aus der Dose) • 2 Bananen • 200 g Beeren je nach Saison (am besten Erdbeeren, Stachelbeeren oder Himbeeren) • 200 g Naturjoghurt • 80 g Puderzucker • 150 g Magerquark • 100 g Cornflakes

für 4 Fußballfans

Spielregeln Anissterne zusammen mit braunem Rum und Bananensaft aufkochen und etwa 15 Minuten ziehen lassen. Ananas schälen und eventuell Strunk entfernen. Bananen schälen, Beeren waschen, abtropfen lassen. Das Obst in mundgerechte Stücke schneiden und in schöne Gläser füllen.

Anissterne aus dem Saft entfernen. Saft mit Joghurt, Puderzucker und Quark verrühren und das Ganze 10 bis 15 Minuten in den Kühlschrank stellen.

Quark-Joghurt-Masse auf das Obst verteilen und mit Cornflakes bestreuen.

Das magische Dreieck • Butterkeks-Himbeer-Shake

8 Butterkekse • 1 EL Honig • 200 g Buttermilch • 100 g Sahne • 1 TL Kakaopulver • 100 g Himbeeren • 1 EL Himbeersirup • 100 ml Milch • 12 Himbeeren für die Garnitur • 4 Holzspieße oder lange Zahnstocher

für 4 Fußballfans

Spielregeln Butterkekse zusammen mit Honig und Buttermilch in eine Schüssel geben und das Ganze mit einem Mixstab schaumig rühren. Mittelgroße Gläser zu einem Drittel voll mit der Keksmilch füllen.

Sahne zusammen mit Kakaopulver steif schlagen und auf die Keksmilch geben.

Himbeeren mit Sirup und Milch vermixen und das Ganze auf die Schokosahne gießen. Je drei Himbeeren auf einen Holzspieß oder Zahnstocher stecken und die Shakes mit den Spießen garnieren.

Tipp Die Früchte können natürlich auch ausgewechselt werden. Mein Favorit sind Erdbeeren.

Wahre Liebhaber

Ich habe Ralf einmal gefragt: „Woran kann man erkennen, ob jemand Ahnung vom Essen hat?" Darauf sagte er, dass man sich „Ahnung auch anlesen" könne, aber dadurch noch lange kein echter Genießer sei. Echte Genießer sind Menschen, die sich über gutes Essen freuen können. Dazu gehören auch Menschen, die restlos glücklich sind, wenn sie eine neue tolle Einkaufsquelle für gute Lebensmittel entdeckt haben. Ralf meint, da merkt man sofort, dieser Mensch liebt Essen total. Gut, dann zähle ich mich auch zu den Genießern. Mit der „Ahnung" ist das so eine Sache. Aber dass ich gutes Essen liebe und mich über Einkaufstipps freue, kann ich getrost unterschreiben.

Gefülltes Stadion

Bratapfel aus dem Rohr mit Marzipan und Balsamico

4 große säuerliche Äpfel (z. B. Boskop) • 6 TL Butter •
100 g Walnusskerne • 100 g Rosinen • 100 g Zucker •
50 g Marzipanrohmasse • 1/2 TL Zimt •
2 EL weißer Balsamico-Essig • 2 EL Honig • 1 Bund Minze •
200 g Magerquark • 200 g Sahnejoghurt • 1 EL Zucker

für 4 Fußballfans

Spielregeln Äpfel waschen und mit einem Apfelausstecher vom Kerngehäuse befreien. Eine feuerfeste Form mit 2 Teelöffeln Butter ausfetten und die Äpfel hineinsetzen. Backofen auf 180 °C (Gas Stufe 2–3, Heißluft 160 °C) vorheizen.

Walnüsse hacken und mit Rosinen, Zucker, Marzipan, Zimt, Essig und Honig in einer Schüssel mischen. Äpfel damit füllen und auf die Füllung jeweils ein Stückchen Butter geben. Äpfel im heißen Backofen etwa 20 Minuten backen. Anschließend leicht auskühlen lassen und, wer möchte, von der Schale befreien.

Minze waschen, trockentupfen und hacken. Zusammen mit Quark, Joghurt und 1 Esslöffel Zucker mixen. Anschließend die Creme und die noch lauwarmen Äpfel sofort servieren.

So ein Pflaumenspiel • Quarkmuffins mit Zwetschgen

4 EL Rosinen • 4 EL Apfelsaft •
1 Glas (200 g) eingemachte Zwetschgen •
1 Zimtstange • 1 Tl Kardamomkapseln • etwa 1 EL Orangenschale •
250 g Magerquark • 1 Ei • 80 ml Rapsöl • 125 g Zucker •
1 Päckchen Vanillezucker • 250 g Mehl • 2 1/2 TL Backpulver •
1/2 TL Natron • 2 EL gehackte Mandeln •
Schale von 2 unbehandelten Zitronen • 2 EL Pflaumenmus

für 4 Fußballfans

Spielregeln Rosinen im Apfelsaft ca. 20 Minuten einweichen. Backofen auf 180 °C (Gas Stufe 2–3, Heißluft 160 ° C) vorheizen. Ein Muffinblech ausfetten oder mit Papierförmchen auslegen.

Zwetschgen auf ein Sieb schütten und den Saft dabei auffangen. Den Saft in einen Topf geben, aufkochen und einige Minuten einkochen lassen. Wer möchte, kann noch Zimt, Kardamom und/oder etwas Orangenschale zugeben. Wenn der Saft etwas eingedickt ist, die Zwetschgen zufügen und mit einem Pürierstab ein Zwetschgenmus herstellen.

Quark, Ei, Öl, Zucker und Vanillezucker mit dem Schneebesen glatt rühren. Mehl, Backpulver und Natron mischen, auf die Quarkmasse sieben und unterrühren. Die eingelegten Rosinen, die Mandeln und die Zitronenschale gut unterheben.

Teig in das Muffinblech füllen und im heißen Backofen etwa 25 Minuten backen.

Zwetschgenmus leicht erwärmen und die Muffins nach dem Backen damit bestreichen.

Wir haben ihn wieder

Im Mannschaftsbus auf dem Weg zu den Auswärtsspielen vertreibt sich jeder die Zeit auf seine eigene Art. Einige spielen Backgammon, die anderen schauen DVDs oder hören Musik. Ich selber lese oder höre ab und zu Musik. Wir reden also nicht sehr viel. Zumindest fällt mir hier nichts ein, was für Gesprächsstoff sorgen würde. Apropos: In einem Schlager heißt es „Mit 66 Jahren, da fängt das Leben an". Bei Giovanni Trapattoni ging es im Jahre 2005 erst mal in Deutschland wieder weiter. Obwohl „La Mamma" Ehefrau Paola gesagt hat, sie wolle auf keinen Fall mehr nach Deutschland zurück. Unzählige Zitate gibt es mittlerweile von Fußballern und Trainern und Trapattoni hat mit vielen, vielen lustigen Zitaten dazu beigetragen. Somit heißt es auch seit 2005: „Was erlauben" ist wieder da!

Creme Kata„Flan"ke •

Gebrannte Orangen-Rosmarin-Creme

250 g Sahne • 120 g Zucker • 120 g Crème fraîche •
4 Eigelbe • Schale von 1 unbehandelten Orange •
4 Zweige frischer, gehackter Rosmarin •
Butter für die Form • 2 EL Kakao • 1/2 TL Zimt •
brauner Rohrzucker

für 4 Fußballfans

Spielregeln Sahne mit der Hälfte des Zucker aufkochen und etwa 10 Minuten ziehen lassen. Backofen auf 120 °C (Gas Stufe 1, Heißluft 100 °C) vorheizen. Die Sahne mit Crème fraîche, Eigelben, Orangenschale, Rosmarin und dem restlichen Zucker in einen Mixer geben und alles gut durchmixen. Durch ein feines Sieb passieren.

Kleine feuerfeste Schälchen ausbuttern, diese leicht mit Kakao und Zimt stäuben. Mit der Sahnemischung füllen. Schälchen in einem Wasserbad etwa 45 Minuten in den heißen Backofen stellen und die Creme so stocken lassen.

Mit braunem Rohrzucker bestreuen und die Creme mit einen Bunsenbrenner karamellisieren.

Tipp Sollten Sie keinen Bunsenbrenner besitzen, können Sie die Creme auch unter dem Backofengrill bräunen.

Kaffee für Zuma • Eiscafé mit Chilierdbeeren

1 rote Chilischote • 250 g Erdbeeren • 2 Päckchen Vanillezucker • 2 EL Crème fraîche • 800 ml Kaffee • 50 g Zucker • Schale von 2 unbehandelten Orangen • Saft von 1 Zitrone

für 4 Fußballfans

Spielregeln Chilischote waschen, halbieren, entkernen und fein hacken. Erdbeeren waschen, putzen und zusammen mit Vanillezucker, Chili und Crème fraîche im Mixer pürieren.

Die Masse in einen Eiswürfelbereiter füllen und das Ganze für mindestens 2 Stunden in das Gefrierfach stellen.

Inzwischen Kaffee mit Zucker, Orangenschale und Zitronensaft verrühren und kalt stellen.

Nach der Gefrierzeit die Kaffeemischung auf vier Gläser verteilen. Die gefrorenen Chilierdbeeren aus dem Behälter nehmen und jeweils vier Würfel in ein Glas geben.

Tipp Hübsch sieht es aus, wenn man die Gläser mit frischer Minze dekoriert.

Golden Goal

Flambierte Nektarinen mit Mascarpone und Löffelbiskuits

1 unbehandelte Zitrone • 1/2 Bund Estragon • 4 Nektarinen • 200 ml Apfelsaft • 1 Stange Zimt • 250 g Mascarpone • 80 g Puderzucker • 12 Löffelbiskuits • 8 Würfelzucker • 60 ml Stroh-Rum

für 4 Fußballfans

Spielregeln Von der Zitrone die Schale abreiben und den Saft auspressen. Estragon waschen, trockentupfen, entstielen und hacken. Backofen auf 140 °C (Gas Stufe 1, Heißluft 120 °C) vorheizen.

Nektarinen waschen, halbieren und den Stein entfernen. Mit der Schnittfläche nach oben in eine Auflaufform setzen und mit Apfel- und Zitronensaft angießen. Zimtstange dazugeben. Das Ganze etwa 10 Minuten im heißen Ofen garen.

Inzwischen Mascarpone, Puderzucker, Estragon und Zitronenschale vorsichtig verrühren, da die Mascarpone leicht ausflockt.

Aufflaufform aus dem Ofen nehmen und die Zimtstange entfernen. Nektarinen herausnehmen. Löffelbiskuits in den Fond legen und alles mit der Mascarponecreme bestreichen. Für mindestens 30 Minuten in den Kühlschrank stellen.

Die Nektarinen auf die Creme setzen und den Würfelzucker in das Kernloch legen. Mit dem Alkohol beträufeln und warten, bis die Lieblingsmannschaft gewonnen hat. Anschließend den Alkohol anzünden und das „Golden Goal" feiern.

Tipp Sie können auch einen anderen Alkohol verwenden. Dieser sollte jedoch mindestens 40 % Alkohol enthalten.

Rezepteregister

Vielen, vielen Dank!

Allein die folgenden Personen sind dafür verantwortlich, dass es dieses Buch in die Druckerei geschafft hat. Wenn Sie es also nicht mögen, dann geben Sie bloß uns nicht die Schuld!

In total ungeordneter Reihenfolge, quasi frei aus dem Bauch heraus, unsere Dankesworte:

An alle Fans, die lieber im klapprigen Bus zum nächsten Auswärtsspiel mitfahren als auf die Malediven zu jetten. Insbesondere an die fantastischen Fans von Hertha BSC, die jede Saison ihr „blaues Wunder" erwarten.

Die im Buch zum Teil aufgetretenen Ähnlichkeiten bei den Rezeptnamen mit Fußballspielern sind totaler Zufall und völlig frei erfunden. Wobei sowieso sich so ziemlich jeder mentalsportive Bürger da draußen zwischen Aachen und Zwickau eine Meinung über jeden einzelnen deutschen Spieler gebildet hat. Dagegen kommen wir mit unseren Rezeptnamen eh nicht an.

An die Frauen, die mit Fußball rein gar nichts am Huuuth haben und die „Samstage" aus ihrem Kalender schon gestrichen haben. (Für den Zeitvertreib mit vielleicht anderen „Fußball-Witwen" helfen diese Rezepte übrigens enorm!) Und die sich aber trotzdem erklären lassen, dass eine Schwalbe nichts mit Vogelkunde zu tun hat. (Eine Schwalbe macht noch keinen „Sammer") Und natürlich an die Frauen, die leidenschaftlich jede Saison „dabei" sind. Ihr wisst schon, wie wir´s meinen.

Nahezu unermüdlich fleißige, leidenschaftlich wie zuverlässig arbeitende Menschen haben im Hintergrund für uns getan und gemacht. Diese haben die Verhandlungen geführt, wachsame Augen auf diesem Projekt gehabt und nicht zuletzt auch auf uns. Dazu gibt es eine große Anzahl von Menschen, die uns unterstützen, teilweise seit vielen Jahren und in nahezu jeder Lebenslage.

Ganz besonders an all die Menschen, die an diesem Buch mitgearbeitet haben. Manu, für die Idee, dieses Buch gemeinsam zu machen. Für dein Konzept und deine Hartnäckigkeit, einen Fußballer mit einem TV-Koch zu verkuppeln.

Wir verleihen dem Verlag Random House/Südwest, der sich getraut hat, dieses Buch mit uns zu machen (Frau Kirstein, Herrn Ewald, Frau Nerger, Frau Udina und vielen weiteren beteiligten Leuten) den „Silver-Goal" (wer dabei an den Zweitplatzierten beim Tor des Monats denkt, liegt leider falsch!)

Arne und Ralf sagen Danke

Ralf

An Sven: Für deine Unterstützung bei den Rezepten (ein Kasten Bier ist an dich unterwegs).
Manu: Dafür, dass du deine Ideen lebst – mit größter Leidenschaft und größtem Glauben an die Menschen, die du für dich entdeckst. Und überhaupt für alles – du weißt schon! (Wünsche dir, dass deine Entdeckerfreude für St. Pauli bald in der 2. Liga landet – bei Kaiserslautern wünsche ich dir das allerdings nicht!)
Uli: Für deine Geduld und dass du immer für mich da bist und so viel Verständnis für mich hast.
Mama und Papa: Ihr seid die besten Eltern der Welt!
Danke an alle, die namentlich hier nicht auftauchen: Ich habe euch nicht vergessen, sondern einfach nicht genug Platz dafür.

Arne

Tausend Dank an alle meine Freunde und an Mama und Papa, an Marlies und Thorsten und an meine Geschwister Carsten und Sören – dafür, dass ihr immer für mich da seid!
Christian: Für deinen ehrlichen sowie tollen Einsatz bei meiner Fan-Webseite und überhaupt, dass wir noch immer die besten Freunde sind, trotz der Distanz zwischen Bad Oeynhausen und Berlin!
Linn: Du bist immer für mich da. Du hast an allem einen riesigen Anteil. Du stehst zwar im Hintergrund, doch für mich bist du der Mittelpunkt.
Manu: Für deine Hilfe, Ideen und deine nie enden wollende Energie. Du bist der Kopf des Buches und hast jederzeit alles im Griff gehabt, wo andere schon längst verzweifelt wären.
Auch ein großes Dankeschön an Gerd Kixmöller, Heiko Grätz und Hermann Gerland, die mich in meiner Fußball-Laufbahn entscheidend gefördert haben.
Und auch an viele weitere Menschen, für die ich namentlich keinen Platz habe. Ich hoffe, ihr wisst: Ihr seid mir ebenso wichtig!

Die Autoren:

Ralf Zacherl perfektionierte sein Können bei Meisterköchen wie Harald Wohlfahrt und Egbert Engelhardt. In seinem ersten Jahr als Küchenchef bekam er 16 Punkte vom Gault Millau und wurde mit einem Michelinstern ausgezeichnet. So wurde er zum jüngsten Sternekoch Deutschlands. Heute ist er bei den „Kochprofis – Einsatz am Herd" auf RTL 2, in „Planet Cook" auf KIKA sowie in Kerners Kochsendungen zu sehen.

Arne Friedrich gehört zu den besten Abwehrspielern der Bundesliga und ist nach nur zwei Bundesligaspielen in die Nationalelf berufen worden. Egal ob Rudi Völler, Dieter Hoeneß oder nun auch Jürgen Klinsmann – sie halten große Stücke auf den talentierten Spieler, der trotz seines frühen Erfolges völlig bodenständig geblieben ist. Der Nationalspieler unterstützt u. a. die Schutzengelkampagne des Mukoviszidose e.V. Neben Fußball zählt er gutes Essen zu seiner großen Leidenschaft.

Bildnachweis:
Food- Fotografie: Maja Smend (Agentur VS Verwilghen Spaeth, Management für Photographen, München), Foodstylist: Eike Rieche
People- Fotografie und Stills: Nicolas Olonetzky (Agentur bascha kicki- photographers, München)
Das Foto der Fußballkerze stammt von Maja Smend, das Motiv mit den Stadionsitzen und dem Nutellamännchen im Vorsatz von Ulrich Dorow aus Köln (Ferrero).
Die Fussballmotive entstanden mit freundlicher Unterstützung auf dem Hertha BSC Trainingsgelände, die Kochszenen in der Location der Küchenmacher in Berlin. Der Südwest Verlag bedankt sich recht herzlich bei dem Kicker-Nachwuchs des Tretschok Fußballzentrums in Wolfen.

Besonderer Dank:
Wir danken folgenden Firmen für die freundliche Unterstützung:
Arcor AG & Co. KG, Herrn Andreas Stracke
Ferrero OHG, Nutella, Herrn Dirk Voss
Hertha BSC, Herrn Dieter Hoeneß und Herrn Hans-Georg Felder
Nike Deutschland GmbH, Herrn Marc Kosicke und Gregor Seemann
Robert Bosch Hausgeräte GmbH, Frau Cindy Böhm
Rosenthal AG, Herrn Max-Peter Plänker
Silit-Werke GmbH & Co. KG, Herrn Ulrich Frank
Zwiesel Kristallglas AG, Herrn Robert Reiner

Projektleitung: Susanne Kirstein
Projektkoordination/Konzeptidee:
Manuela Ferling Management
Innenlayout und Gesamtproducing:
Epsilon2, Konzept & Gestaltung, Augsburg
Redaktion: Tanja Dostal
Bildredaktion: Tanja Nerger
Umschlaggestaltung und Konzeption:
R. M. E. Eschlbeck / Kreuzer / Botzenhardt
Reproduktion: Lorenz & Zeller, Inning a. A.
Druck und Verarbeitung: Mohn Media, Gütersloh
Gedruckt auf Profisilk 150 g/m² von Igepa.
Ein Produkt von Sappi
Printed in Germany

ISBN-10: 3-517-06957-4
ISBN-13: 978-3-517-06957-9

9817 2635 4453 6271

ARCOR